우리는 늘 그대로,
두 노동자 이야기

내 생애 속 인천 ❷
우리는 늘 그대로, 두 노동자 이야기

2025년 12월 10일 처음 펴냄

지은이　　박남수 나지현
펴낸이　　김영호
펴낸곳　　도서출판 동연
등　록　　제1-1383호(1992. 6. 12.)
주　소　　서울시 마포구 월드컵로 163-3
전화/팩스　02-335-2630 / 02-335-2640
이메일　　yh4321@gmail.com
인스타그램　instagram.com/dongyeon_press

Copyright ⓒ 박남수 나지현, 2025

이 책은 저작권법에 따라 보호받는 저작물이므로 무단 전재와 복제를 금합니다.
잘못된 책은 바꾸어드립니다.

ISBN 978-89-6447-064-0 04040
ISBN 978-89-6447-448-8 04040('내 생애 속 인천' 시리즈)

내 생애 속 인천 2

우리는 늘 그대로, 두 노동자 이야기

박남수 나지현 지음
양진채 감수

박남수 나지현 편

동연

책을 펴내며

철쭉이 만발할 때 시작했던 자서전 쓰기가 감이 붉게 익는 겨울 초입에 장장 네 권의 책으로 출판되었습니다.

처음 프로그램을 시작하면서 이 자서전 쓰기는 내 이야기이며 우리의 이야기이자 이 사회가 어떻게 변해왔고, 역사가 되었는가에 대한 성찰이기도 하다고 했습니다. 제가 이 프로그램에 함께한 이유이기도 하고, 선배님들이 그 어려운 자서전을 끝내 만만치 않은 분량으로 완성해 낸 이유이기도 합니다.

이번 자서전 쓰기에 참여한 선배님들은 노동 현장, 교육 현장에서, 종교계, 혹은 복지 현장이나 사회조직에서 누구보다 치열하게 살고 싸워왔던 분들입니다. 이분들의 이야기야말로 인천 사회운동 역사의 기록이며, 이 사회가 어떻게 한 걸음 더 발전해 왔는지 살아 있는 증언이기도 합니다. 그래서 이 자서전은 특별합니다.

누구나 이렇게 살 수 있었던 삶이 아닙니다. 사회를 변혁시키기 위해 자신이 선 자리에서 싸워야 했고, 구속을 감수해야 했고, 악랄한 폭력과 고문을 견뎌야 했던, '나'가 아니라 '우리'를 위해 살아온 삶의 기록입니다. 그래서 저는 원고를 정리하는 동안 때때로 가슴 벅찼고, 뭉클해졌고, 숙연해졌습니다.

박남수 선배님을 떠올리면 저절로 미소가 지어집니다. 할 수만 있다면 선배님과 오래도록 술 마시며 이런저런 얘기를 듣고 싶을 만큼 맛깔나게 이야기를 하십니다. 글도 그렇습니다. 생생한 자서전을 읽다 보면 활달하고, 의리 있고, 뚝심 있는데 자상하기까지 한 선배님의 모습이 보입니다. 노동 현장에서나 사회에서나 언제나 선배님 주변엔 사람들로 넘쳐납니다. 선배님이 사람을 보고 운동을 했기 때문입니다. 자서전을 읽다 보면 해고 복직 싸움이나, 이후 법률 상담, 의회에서 일할 때, 굴포천살리기, 의회에서 활동할 때조차 사람이 보입니다. 그래서 박남수 선배님이 좋은지도 모르겠습니다. 선배님은 진정한 노동자입니다.

나지현 선생님은 왠지 단단한 차돌 같은 인상이었습니다. 자서전 쓰기를 시작하지 못하고 있을 때도 별로 걱정되지 않았습니다. 책임감이 강해 잘 해 낼 줄 알았기 때문입니다. 태연물산 노동조합 설립부터, 나지현 선생님의 활동엔 '여성'이 붙습니다. 노동운동을 하면서도 특히 여성과 관련한 문제에 더 집중했습니다. 인천여성노동자회, 전국여성노동조합에서의 활동 등을 하면서 여성운동 전면에 나섰고, 여성의 지위를 끌어올렸습니다. 한 사람의 족적이 얼마나 큰 힘이 있는가를 여실히 보여주는 훌륭한 사례입니다.

선배님들의 글을 보며 '우리는 어떤 사회를 만들고자 했는가' 다시 물었습니다. 이 물음은 지금도 유효하다고 생각합니다. 우리 사회의 공통 가치를 실현해 나가며 더 나은 사회를 만드는 데 이 책이 좋은 지침이 되길 바랍니다.

    1970, 80년대를 누구보다 앞장서 싸워왔던 선배님 중 많은 분이 미처 삶을 기록하지 못한 채 몸과 마음이 불편해졌습니다. 그분들의 삶을 진즉에 기록하지 못한 것은 정말 안타까운 일입니다. 그런 의미에서 이 책의 모태가 된 부평도서관의 기획 프로그램은 '한 운동가의 기록을 사회의 역사'로 만든 소중한 자산이라 생각합니다. 무엇보다 더 늦기 전에 삶을 기록하려고 투쟁하듯 글을 쓰신 선생님들께 깊은 경의를 표합니다.

감수자 소설가 양진채

차 례

책을 펴내며   4

1부 | 노동자의 자존심, 원직복직 _ 박남수

I. 세파에 시달린 후에야 성년(盛年)에 입대하다   13
    전쟁 속 유년기와 아버지의 좌절   13
    형님의 파란만장한 삶과 어머니의 기도   14
    종교와 가족 갈등   17
    상경 그리고 노동자로 진입   18
    남자 둘만 모이면 떠벌린다는 군대 이야기   20
II. 인생 독립 선언   27
    체불 전쟁   29
    문래동 공장과 그 골목들   33
III. 현대양행 노동자 시절
    ─ 대폿집 사람들 그리고 미치도록 부자가 되고 싶었던 꿈…   35
    노동조합에 사기당하다   43
    건축업 학습   45
IV. 마지막 공장 코리아스파이서 노동자로   49
    길동무 따라가서 접수한 이력서로 입사하고   49
    나는 건수부장이야!   52
    요부 염좌로는 산재가 안 된다?   56
    회사가 지원하는 노동조합 설립   58
    노동조합의 이상한 설립 과정   60
    간첩으로 갈 뻔한 신랑   62
    노동조합 활동으로 틀어지는 인생   66
    또 실패한 참여   73

V. 해고와 법정투쟁	80
노동자의 해고는 가족 전체의 해고	81
일어나야지!	83
노동 재판 학습	85
나 홀로 소송	91
법정투쟁 시작	95
회사의 횡포를 강제 집행으로 차압하다	103
전직 검찰총장의 전관예우를 상대하다	107
고등법원으로	109
다연발 소송 전술	111
부당노동행위 구제신청	113
조합원 지위 확인 청구 소송	114
1987년 노동자 대투쟁에 참여	117
추가 임금 청구 소송은 대법원 판례로 기록	121
VI. 해고 기간 동안 돌아다녀 본 사회	127
한국노동자복지협의회 운영위원 및 법규부장	127
이경우 법률사무소 노동상담실장	128
노동과 건강 연구회 공동대표	129
경제정의실천연합 노동분과 위원장 겸 중앙상무위원	132
VII. 복직! 한 노동자의 복직이 무슨 뉴스라고 중앙 일간지에	134
지방자치 활동 — 부평구 의원	137
환경 운동과 하천 살리기 운동	139
VIII. 후기: 돌아 본 삶	143
박남수 연표	147

2부 | 당당하고 행복한 노동을 꿈꾸며 _ 나지현

I. 어린 시절 그리고 중고교 학창 시절   151
    어린 시절 보광동에서   151
    첫눈 내리던 날의 댄스와 전태일   152
    사학비리와 긴급조치가 함께 있던 고교 시절   153
II. 대학 시절, 시대의 아픔을 관통해 가던 때   155
    "저 낮은 곳을 향하여"   155
    서울의 봄, 서울역 회군   157
    5월의 광주, 시대의 아픔을 넘어야 한다는 다짐   158
    야학, 취직, 야학연합회 사건   159
    청춘의 교회 – 은강교회와 구로은강교회   163
III. 인천에서 시작한 노동운동   167
    인천에서 활동을 시작하다   167
    현장 활동을 위해 인천으로 이사하다   169
    운 좋은 취직 — 부평 태연물산   170
IV. 노조 활동   173
    일상 투쟁이 빈번했던 현장   173
    찬란한 햇빛 보고 싶고   174
    뜻밖의 전화위복, 조장이 되다   176
    활동가 모임을 시작하다   177
    87년 7월, 인천 여성 사업장 중 최초로 설립한 노동조합   179
    노조 결성과 동시에 시작된 노조 탄압   181
    감금과 공포도 우리를 막을 수 없었다   187
    정문 앞 노숙 농성, 퇴근길의 파업 문화학교   188
    첫 교섭은 공개 교섭   191

분열을 위한 제안, 학생 출신만 빼면 100%	192
단결과 연대로 쟁취한 승리, 현장으로 돌아가다	193
대통령 선거로만 쏠리는 관심 속에 노동 탄압이 시작되다	195
폭력의 피해자가 폭력의 가해자로 구속되다	196
노동조합 연대와 사무장 모임	197
태연물산 노동조합 다시 부활하다	200
V. 인노협과 인천도시산업선교회	**201**
노조 간부에서 노조 지원활동가로	201
일꾼노동문제자료연구실	203
역사를 바로 알아야 역사의 주인이 된다 — 일꾼역사교실	204
1990년대 노동자를 위한 인문학 교육장 인천 산선	208
인천산업선교회를 나와 또 다른 활동의 장으로	210
왜 여성 노동운동을 하게 되었나?	211
VI. 다시 노동조합으로	**213**
전국여성노동조합	213
최저임금 문제를 처음으로 공론화	216
당사자의 목소리는 힘이 세다	218
짧았던 1회차 전국여성노조 위원장 활동	220
노동조합을 떠나 인천에서 보낸 4년	221
다시 돌아온 여성노조에서 10년을 보내다	223
단식에 대한 단상	227
페미니즘과 여성 노동	229
불안정 여성 노동자의 권리를 찾아온 노동조합	231
그 밖의 이야기들	234
VII. 마치면서	**237**
나지현 연표	239

1부

노동자의 자존심,
원직복직

박남수

I. 세파에 시달린 후에야 성년(盛年)에 입대하다

전쟁 속 유년기와 아버지의 좌절

나는 강원도 출신이다. 해방둥이라 어렸을 때 기억은 희미하다. 전쟁통에 피난살이로 충청북도까지 이리저리 다녀 초등학교를 세 군데나 옮겨 다녔다. 그래서 초등학교 동창은 두어 명 외에 별로 기억에 없다.

어린 시절에 우리 식구들이 밥상에 둘러앉아 담소를 나누면서 식사했던 기억은 거의 떠오르지 않는다. 부모님이나 형님들이 예전 얘기를 더러 했으면 행여 건성 들었더라도 어떤 일이 일어나거나 연상이 되면 기억이 살아날 수 있을 터인데 나에게는 그런 경우가 별로 없다.

칠십 평생이 훌쩍 지난 이제야 그 시절을 굳이 더듬어 보면, 어렴풋이 떠오르는 기억도 있지만 마치 건망증 환자처럼 어느 한 시기는 아예 하얗게 바래버린 듯하다.

아버지는 일제강점기에 산림에서 벌목해 뗏목을 만들어 강으로 보내는 산판 노동을 했다. 일거리를 찾아 전국을 돌아다닌 탓에 우리 형제들의 출생지가 각기 다르다. 현재 생존한 둘째 형의 출신지가 원산이었다.

해방 직후, 아버지가 산판 사업을 직접 하겠다며 전 재산을 쏟아 목재를 사들였으나, 홍천강변의 홍수로 적재했던 목재가 모두 떠내려가 폭삭 망했다. 곧이어 전쟁이 나면서 재기할 기회는 사라졌고, 그렇게 가세가 기울었다.

형님의 파란만장한 삶과 어머니의 기도

여섯 남매 중 두 누님은 내가 태어나기 전에 이미 시집을 갔다. 맏이 형은 6.25 전쟁 때 홍천에서 남침하는 인민군에 잡혀 전장에 투입되었다. 낙오 후 자진 포로가 되어 수용소에 있다 석방되었고, 우여곡절 끝에 피난 간 부모를 찾았으나 얼마 지나지 않아 국군 입영 영장이 나와 다시 육군에 입대했다. 휴전 후 한참이 지나서야 제대했다.

어머니는 쌀 한 톨 구하기 어렵던 시절에도 동냥을 해서라도 쌀을 마련해 쌀밥을 지어 사발에 담았다. 정한수 한 대접과 함께 부뚜막에 올려놓고 매일 새벽 빠짐없이 합장 배례를 올리셨다. 그렇게 매일 군대에 끌려간 아들의 무사 안녕을 빌었다. 지극정성으로 아들을 다시 찾을 수 있게 했던 어머니의 이 모습은 어린 시절 기억에서 이상하게도 아직 남아있는 몇 안 되는 것 중에 하나다.

집안 살림은 이제 아들들이 맡아야 했다. 나야 막내이므로 예외가 되지만 맏형이 전쟁터에서 천재일우로 살아서 제대하고 돌아왔고, 얼마 뒤에 둘째 형이 이어서 군대를 갔다.

우리 맏형이 천재일우로 살아왔다는 것은 전쟁터에서 겪은 일들이 파란만장했기 때문임을 짐작할 수 있다. 형은 북한군에게 잡혀서 인민군이 되어 남하하다가 폭격을 당하는 순간에 낙오병으로 처진 덕분에 포로가 되어 수용소에 있다가 석방될 수 있었다. 우여곡절 끝에 피난 간 부모를 찾아왔으나 얼마 지나지 않아 국군 입영 영장이 나와 다시 육군에 입대했다. 휴전 후 한참이 지나서야 제대했다.

장남으로 맏이 형은 집안을 책임져야 할 부담으로 살길을 찾아

열심히 돌아다닌 것 같다. 둘째 형이 군에 입대하자 맏형은 가장이 되어 원주에서 소작농을 하다가 양평 과수원의 직원으로 몇 년 일하다가 다시 원주로 와서 소작농을 하였다. 서울 신림동의 낙골(지금은 '난곡동')을 거쳐서 말년에는 할아버지 산소가 있는 제천 송학면으로 이사를 갔다.

막내인 나는 학교에 다녀야 하니 원주에 남아서 바로 위의 누나와 자취를 하다가 누나가 출가하면서 어머니가 찾아와서 뒷바라지를 해 주었다. 월사금(학교 수업료)이나 생활비는 순전히 어머니가 저잣거리에서 채소나 나물을 팔기도 하고 광주리를 이고 다니며 과일을 파는 일을 하면서 지탱하였고, 나는 신문 배달이라도 해서 보태야 했다.

당시에 신문들은 휴일이 없었으며 거기다가 신문사들이 모두 조간과 석간으로 하루에 두 번이나 발행하였기 때문에 새벽에 조간을 돌리고 학교에 갔다가 하교하면은 곧바로 신문 대금 수금하러 다녀야 하고, 다시 오후 네다섯 시경에 도착하는 석간신문을 배달하는 일정을 수행해야 하였다.

그러다 보니 거의 매일 지각을 해서 조회는 참석할 수가 없었고 체육 시간에도 출석 체크만 하고 살짝 빠져나와 교실 구석에서 잠을 자야 했다. 점심 도시락은 엄두도 못 냈다.

신문을 배달하는 길목에는 원주천 제방이 있는데 여기 하천 바깥 비탈면에 모래주머니나 돌을 쌓고 터를 잡아 판잣집을 짓고 사는 피난민들이 오밀조밀 살고 있었다. 부엌이 없거나 비좁아서 여름에는 아침밥을 제방 위에서 화덕에다 짓는 사람들이 많았었는데, 그때는 꽁칫값이 그렇게 쌌는지 집집마다 숯불에 굽는 그 냄새가 허기진 신문 배달소년에게는 견딜 수 없는 고통이었다.

석간 신물을 돌리고 나면 밤 10시쯤 되는데, 집에 가서 자고 새벽같이 나오는 게 힘드니 그냥 그 신문보급소에 책상 위에서 밤잠을 때우는 것이 일상이 되다시피 했다.

그런데 신문 배달을 직업으로 하는 어른들은 낮에는 자기 집에서 어느 정도 휴식을 취하고 새벽 4시경부터 시작되는 배달일은 맞추려면 야간 통행금지가 있던 시절이니 아예 신문보급소에서 자는 것이 편하다면서 몰려와서는 밤새 떠들고 가끔은 술판을 벌이기도 하는 바람에 시끄러워서 쪽잠조차도 어려웠다.

그러니 학교에 가서도 틈만 나면 나도 모르게 잠이 들었다. 그때 우리 반에도 신문 배달하는 학생이 세 명이나 있었는데 사정은 비슷해서 담임 선생님도 아예 모르는 체하고 넘어가 줬다. 그래서 교가를 부를 기회가 별로 없어서 지금도 가사가 기억나지 않는다.

방학 때는 우유를 배달하기도 했다. 맏형이 일손이 필요하다고 어머니를 불러가고 마침 세 들어 살던 방도 내놓게 되었을 때도 있었는데 다니던 교회의 관사에서 혼자 살아보기도 했다. 먹는 것도 부실해서 영양실조도 걸리고, 그래서 학창 시절은 정말 재미가 없었다.

이렇게 고생하면서 배울 필요가 있는가 하는 생각도 들었다. 그러니 대학교를 간다는 것은 돈도 없었지만 공부하는 것에 질려 있어서 아예 꿈도 꾸지 않았다.

종교와 가족 갈등

내 어린 시절, 우리집에는 굵직한 불협화음이 생겼고 그 간극은 어찌 보면 지금도 없어지지 않은 듯하다. 발단은 제천에 살던 시절에 일어났다. 군용 비행장 부근에 그런대로 꽤 너른 밭이 붙어 있고 행랑채도 거느린 기와집을 구했는데, 그 행랑채에 세 들어 온 사람은 평안도에서 월남한 개신교 전도사로 교회당을 하나 짓고 농촌 목회를 개척하고 있었다.

당연히 집 주인네가 되는 우리 식구들은 전도의 대상이 되었다. 아들이 전쟁터에 끌려갔으니 제발 죽지 않게 해달라고 부뚜막 귀신에게 치성을 드렸던 어머니였는데, 하나님이 진짜 신이고 열심히 기도한 만큼 축복이 내린다는 교회에 나가기 시작했고 여기에 둘째 형과 막내 누나 그리고 나도 따라갔다.

반면에 조상을 깍듯이 모셔야 사람 된 도리이고 그래야 은덕을 받을 수 있다고 믿는 아버지는 전도사의 말을 믿지 않았다. 맏이 형도 장자로서 그 뜻을 이어야 한다는 입장이었다.

아버지는 형제 중 맏이라 제사를 지내야 했지만, 어머니는 전도사의 말을 따르며 제사상 차리기를 거부했다. 제사를 지내러 작은아버지, 사촌 형제, 고모들까지 몰려온 상태에서 체면이 처참하게 구겨진 아버지는 정말 난감한 상황에 놓였다. 마침내 폭풍이 몰아치듯 가정이 풍비박산 나고 말았다.

결국 우리집안은 두어 세대가 지난 지금도 기독교인과 불신자라는 경계가 설정되어 있다. 나는 기독교인 파에 들어간 셈이고 군대에 입대해서 훈련소에서도 주일예배에 출석하였고 술과 담배는 멀리했다.
 그러다가 신병 훈련을 마치고 부대에 배치되면서 선임들에게 곡괭이 자루로 협박당하면서 마시기 시작한 술은 애주가가 된 처지이고 가끔은 분위기에 휩쓸려 폭주를 마지않는 경우는 다반사가 되었다.
 담배는 월남전에서 부상을 당해 입원해 있을 때 병실에서 지루함을 달래기 위한 담배 내기 게임을 즐기다가 피우기 시작했다. 노동조합 활동을 하던 기간이나 그 후 얼마간은 하루에 세 갑의 담배를 소비할 정도로 골초였지만 지금은 금연한 지 20여 년이 훨씬 넘는다.
 사회생활을 하면서도 한때는 주일예배 정도는 개근을 했는데 오래 전부터 소위 '가나안 교인'이 되었다.

상경 그리고 노동자로 진입

 먹고 살려면 돈을 벌어야 했다. 비빌 언덕은 아예 없으니 지푸라기라도 잡는 심정으로 영등포로 올라가 셋방살이하면서 뻥튀기 과자를 만들어 파는 둘째 형을 도와주는 일을 시작했다. 뻥튀기 재료를 매일 구입해 오는 일이었다. 성북구 수유리 시장 부근까지 자전거를 타고 가서 약 백 킬로그램 정도의 재료를 부피가 큰 자루에 담아 자전거에 싣고 다시 영등포까지 와야 했다. 우선 미아리 고개를 넘어야 하고 그것이 힘들면 종암동으로 돌아서 신설동, 종로 그리고 용산, 한강 다리와 노량진을 거쳐 오는 코스이다. 지금이야 엄두도 나지 않지만 그때는 그 일을 하지 않으면 살 수가 없었을 것 같아 군말 없이 해냈다.

그러다가 형이 그 일을 접으면서 그때부터는 혼자 살 길을 찾아야 했다. 그때부터 공장을 다니는 노동자의 길을 들어서기로 했다. 아는 사람이 별로 없어서 전봇대에 붙은 공원 모집 광고를 보고 들어간 곳이 노량진역 앞에 지하실에서 재봉틀 바늘을 만드는 공장이었다. 별로 맘에 들지 않았고 내가 할 일은 아닌 것 같았다.

어차피 공장을 다녀야 할 바에야 기술자가 되고 싶었다. 원주에서 8킬로미터 이상을 걸어서 학교로 가는 길목에 선반 기계 하나만 있는 공장이 있었는데 쇠가 쇠를 깎는 것도 신기했지만, 그 기술로 돈을 벌어서 땅도 많이 사서 부자가 된 사람이 부러웠다. 선반 기술을 배우면 먹고 살 수 있을 것이라는 생각이 들었다. 바늘 공장 반장 누나의 소개로 용산 문배동의 어느 공장에 들어가 드디어 선반을 배우게 되었다. 그리고 여러 공장을 돌아다녀야 이런저런 기술을 배울 수 있다고 나를 이쁘게 봐준 고참의 충고도 고맙게 받아들였다.

몇 년 동안 공장을 열심히 다니는 중에 아버지가 돌아가시고 그다음 해에 어머님도 돌아가시니까 사는 게 불안하고 매사가 귀찮아졌다. 육군 영장이 나왔는데도 입대를 하지 않았다.

그러다 둘째 형님이 우여곡절 끝에 경기도 도청과 관련된 일을 하고 있었는데 가족 중에 군대 기피자가 있으면 잘린다고 마구 닦달하는 바람에 군대를 가기로 마음먹었다. 기왕이면 공군이 멋지고 좋아 보여서 알아보니 3개월 주기로 모집하고 해군도 마찬가지로 한참을 기다려야 하는데 해병대는 한 달 주기로 모집한다는 것이다. 당장 한남동 해병대사령부 가서 지원했다. 그달 중순경에 시험 보고 합격이라고 하더니 그달 말경에 진해 훈련소로 입대하란다.

영장이 나왔을 때는 객기가 어른거려 기피했지만 정작 버텨보니 부모님이 돌아가시고, 특히 어머니가 없는 세상에 홀로 된 것 같은 우울한 마음이 생기면서 너무 힘들었는데 역시 최선의 피난처는 군대인 것 같았다.

남자 둘만 모이면 떠벌린다는 군대 이야기

해병대에서는 병기병과였다. 훈련을 마치고 포항 상륙지원사령부에서 배치받아 근무하게 된 곳은 포항 상륙사단에서 사용할 탄약 전체를 보관하고 관리하는 부대였다. 나는 40여 개의 대형 창고에 있는 탄약을 수납이나 불출(拂出-보급)하는 담당 실무자로 임명되었다. 병과 교육 성적을 감안했다면서 곧바로 인수인계도 없이 업무를 부여받았는데 직전 담당 병사가 제대하면서 생긴 빈자리였다.

야간 비상시에도 탄약을 신속히 지급하기 위해서 명칭과 물품번호(DOD)는 물론 저장 위치 등을 암기하고 있어야 하기 때문에 몇 달 동안은 정말 정신없이 영어 단어 외우듯이 몰두했다. 그래서 직속 부사관의 특별 비호로 '작대기 하나짜리'(이병 계급)이지만 '줄빳다'를 가끔 열외 받는 특례나 아니면 내가 능동적으로 요령을 부렸다.

'줄빳다'란 선임 기수 병사가 군기를 잡는다는 명분으로 곡괭이 자루로 후임들을 단체로 엉덩이를 장작 패듯이 폭행하고 지나가면 그다음 기수가 순서대로 이어서 똑같은 방법으로 진행하는 폭행이다. 그러면 마지막 기수는 화풀이할 상대가 없다. 그저 고통을 줄이려고 겨울 내복을 한여름까지 입어야 한다. 그때 해병대 내복은 타군에 비해

두꺼웠었는데 아마 줄빳다를 염두에 둔 배려가 아니었을까?

부대는 탄약이라는 위험성 때문에 사령부나 상륙사단 영내에서 멀리 떨어진 곳에 위치해서 수십 명 정도 되는 인원들만 근무하고 있었다.

이 부대는 언제부터 내려온 관습인지는 모르겠지만 휴가나 외박을 나갔다가 귀대할 때는 막걸리 한 통을 들고 와야 하는데 그러면 그날 저녁에 회식을 한다. 진급할 때도 마찬가지다. 휴가나 외박 그리고 진급도 몇 명이 동시에 이뤄지기 때문에 막걸리는 넉넉하게 준비된다.

회식은 한 달에 최소한 두어 번이고 많으면 서너 차례로 장소는 식당에서, 술잔은 국그릇을 이용했다. 식탁에 죽 둘러앉아 최고참 선임이 "건배"를 선창하면 모든 병사는 술잔을 들고 복창을 하고 한숨에 마셔야 한다. 나는 그래도 크리스천이라는 자기 관리 기준을 믿고 있었던 시절이어서 처음에는 음주를 거부했다. 그때 중간 선임병이 기다렸다는 듯이 곡괭이 자루를 들고 와서 '빳다' 한 대를 때렸다. 어느 정도 이런 폭행에 이력이 생겼으니 피하지 않았다. 얼마 후에 벌어진 다음 회식에서도 한 대 맞고 신앙을 지키려 했는데 이번에는 두 대를 때린다. 이쯤이야 하고 참았는데 그다음에는 세 대를 맞으라고 해서 "예수님도 첫 기적에서 술을 만들었고 마지막 만찬에서는 제자들과 술을 나눠 마시자고 했는데 뭐!" 고참의 그 한마디에 신념은 무너졌고 그래서 한 잔을 마셨다. 다음 회식에서도 '까짓것, 한잔 마시지' 하고 자신을 달래며 한숨에 들이켰더니 이번에는 한 잔을 더 마시라고 한다. 이렇게 회식의 숫자가 늘어날 때마다 마시는 술잔의 숫자도 비례로 늘어나면서 6개월쯤 지나니 부대 내에서 주량이 가장 많은 술꾼이 되어 있었다.

그러고 난 후에야 이 훈련은 종료된다.

문제는 술을 아무리 많이 마셔서 만취가 되었다고 하더라도 야간 경계근무에 졸거나 태만하면 아무 잘못도 없는 동기생들까지도 모두 모아서 단체로 험악한 기합을 받게 된다. 기합의 종류는 오랜 세월을 이어오면서 개발했을 수많은 방법이다. '침대 배치'는 2층 침대에 발목을 걸고 거꾸로 매달리는 방식인데 조금만 있어도 피가 머리로 쏠리고 콧물과 눈물은 쏟아져 나와 얼굴을 뒤덮는다. '침상 배치'는 높이가 50센티미터 정도 되는 마루 침상이 내무반 양쪽에 깔려 있고 그 간격이 약 170센티미터 벌려진 것을 이용해서 '엎드려뻗쳐' 자세로 버텨야 하는데 팔이 수직 상태가 아니고 약간 머리 쪽으로 벌려진 각도가 되어서 얼마 지나지 않아 버티지 못하고 몸뚱이 전체가 밑바닥으로 떨어지면 가슴과 배나 무릎 등 온몸에 타박상을 당한 것 같은 통증이 찾아온다.

술에 취했는데 멀쩡한 것처럼 버티는 것이 빳다 몇 대 맞고 넘기는 것보다 더 어렵기도 하다. 이런 경험 때문에 지금도 다른 사람에게 술을 강요하지도 않고 술 따라 주는 것을 생략하는 버릇이 남아 있다. 폭주 강요 훈련을 우수한 성적으로 졸업하고 나니 부대에서는 그때부터 내 주량을 채우려면 다른 사람의 할당량이 줄어든다면서 오히려 술 배급이 조절되어 정상으로 돌아왔다.

입대할 때 해병대 근무 기간은 24개월이었는데 김신조 청와대 습격 사건 이후 국방부는 기간을 슬슬 연장하고 있었다.

지금은 진급 시기가 어떻게 정해지는 모르겠는데 당시에는 해병대는 훈병 2개월, 이병 4개월, 일병 6개월, 상병 12개월로 일정하게

해병대 복무 중

정해져 있어 24개월 복무하면 제대하게 되어 병장 계급장은 아예 없었다. "해병대 병장은 오대 장성이다"라는 말이 있었는데 김신조 덕분에 병장이 탄생하기 시작했다.

병장 진급이 다가오면서 제대를 준비한다고 업무를 인계할 후임병을 양성하고 귀가 날짜를 거꾸로 계산하고 있을 즈음에 느닷없이 월남 파병을 위한 훈련소인 특별 교육대 입대 명령을 받았다. 말년에 파병되는 경우가 드문데 그 이유를 알아보니 월남에 파병된 해병대 부대(청룡부대)에 탄약 관리 병사가 귀국하면서 결원되어 보충하기 위해서 차출되었다는 것이다.

파병된 해병대의 사상자가 타군보다 월등히 많았으므로 불안했지만 특교대 훈련이 끝나가고 출국이 다가오면서 생각을 다잡았다. 어려서부터 군대에 입대하고 지금까지 행복하다고 느껴본 기억이 없었는데 전쟁터에 나갔다가 무사히 돌아온다면 인생의 방향타가 바뀔 수 있다는 생각을 갖기로 다짐한다.

부산 항구에서 떠날 거대한 함선 갑판에 올라서서 부두에 배웅 나온 군중을 내려다보니 그 속에 어느 늙은 어머니는 땅바닥에 주저앉아 두 손을 허공에 휘두르고 있었다. 너무 멀어서 소리로는 확인할 수 없었지만 아들 이름을 부르는 것이 분명했다. 나는 형제자매에게도 아무 소리 하지 않았으니 저 많은 사람 중에는 내가 아는 사람이 없다는 것이 어쩌면 다행인지 모르겠다는 생각이 들었다. 지금의 아내가 그때 연인 사이였지만 혹시나 해서 더 슬픈 이별은 피해 가려고 출국 날짜도 알리지 않았다. 그래도 눈시울이 따스해졌다.

베트남 다낭항에서 하선하고 호이안에 도착해 다시 현장에서 또 훈련받고 배치된 곳은 엉뚱하게도 보병 중대이고 일선 소대에 배속되었다. 내가 가기로 예정된 부대는 전투에 직접 나가지 않는 지원부대인데 전투부대로 보내니 이게 아닌데 했지만 이유를 알아볼 방법도 없다. 밤잠을 거의 잘 수 없는 매복, 부대 외곽에서 땅에 구덩이를 파고 그 속에서 2인 1조로 몸을 숨기고 적들이 밤중에 기습할 때 생기는 소리를 듣고 부대에 알려 주는 임무를 띤 청음초 근무까지 1주일에 두어 번 정도를 나가야 하고, 부대 내 경계근무를 할 때는 2교대로 내무실에 돌아와서 3, 4일 만에야 겨우 전투화(군화)를 벗고 침상에서 잘 수가 있다.

기진맥진한 상태가 계속되었다. 월남 신병 3개월과 귀국 전 3개월이 가장 위험하다는 속설이 내게도 적용되어 파병 2개월 만에 왼팔 관절이 파괴되는 부상을 당하고 말았다. 매복 근무를 하려고 어두워지기 시작한 숲속을 진행하던 길에 인계철선에 걸려서 엎어졌는데 아군이 파 놓은 구덩이에 거꾸로 처박혔다. 인계철선은 지뢰 또는 조명탄의 뇌관에 연결하는 아주 가느다란 철선으로 다행히 내가 건드린 것은 이전에 설치했다가 수거되지 않고 방치되었던 것 같았다. 동행하던 전우들에 의해 들어 올려진 나는 정신을 잃어버렸고 눈을 떴을 때는 해군병원에 누워 있었고 왼팔이 묵직하게 묶여 있었다. 병원에 4개월을 입원했다. 퇴원하니 그제야 원래 근무하기로 한 부대로 전보 되었지만 예정된 업무를 부상 당한 왼팔 관철 운동 범위가 좁아져서 수행할 수 없다고 버티니 행정병으로 안전 배치되었다. 내무반에서는 나보고 행운이 붙었다고 부러워하는 놈들도 있었다.

월남 근무 후반기 반년은 그때까지의 내 인생에서 가장 행복한 기간이었다. 왕고참이니 어느 누구의 간섭도 없고 야간 경계근무도 예외가 되어 거의 매일 저녁마다 몇몇이 둘러앉아 닭다리 등 기름기 있는 안주에 맥주와 양주를 즐길 수 있었다. 부대장의 전령(당번)이 동기였는데 전용 냉장고에는 우리가 아무리 갖다 먹어도 바로 채워져서 표시가 나지 않는다.

청룡부대가 주둔한 호이안은 다낭의 남쪽에 있는 지역인데, 병사들은 부산 항구에서 대형 수송선에 실려 다낭항에 도착해서 하선하면 부두에서 곧바로 군용트럭을 타고 호이안 동쪽 해안 부근에 위치한 여단 본부에 와서 긴 여정을 내려놓게 된다. 여기서 현지 훈련을 받고 부대가 배치되면 각 대대본부로 가서 다시 중대로 배치되어 주둔 지역으로 가면 특별한 사정이 없는 한 대대본부는 물론 여단 본부가 있는 곳까지 외출도 못 하고 복무하다가 1년 후에 귀국할 때 다시 여단

본부로 돌아왔다가 군용 트럭으로 다낭항구로 가서 귀국선을 타기 때문에 요즘 그 유명하다는 다낭은 구경은 거의 할 수가 없다.

그런데 나는 그때 운 좋게 다낭 시내를 관광할 행운을 가졌다.

바로 동기생 한 명이 청룡부대 방첩대에 근무 중이었는데 그 부대는 다낭에 있는 미 공군부대 영내에 두고 있었다. 그로부터 초청을 받았다. 비공식이었기 때문에 다낭 해안에 위치한 청룡부대 전용 휴양소까지 연락용 헬기를 타고 가서 배웅 나온 방첩대 지프를 타고 미 공군부대에 들어갔다. 비행장을 포함한 광대한 부대 영내에는 라이브 공연이 있는 술집도 있을 정도로 미군들이 구태여 시내로 외출을 나가지 않아도 여가를 즐길 수 있어 한국군과의 처우는 엄청난 차이가 있었다. 입장해서 둘이 마주 앉아 캔맥주 1박스를 비웠더니 이것도 구경거리라고 미군들이 쳐다보았다. 무대보다는 우리 테이블로 눈길이 몰려오는 것을 느끼고 오히려 내가 이상하게 생각되었다. 그리고 사복을 하고 시내를 돌아봤지만 전선(戰線) 자체가 없다는 것이 오히려 긴장감이 더해지는 것 같았다. 다만 전쟁 중인데도 먹고 사는 문제는 우선일 수밖에 없으니 분주하게 오가는 사람들을 보니 이상한 세상에 온 기분이었다.

제대 후에 몇 년이 지나서 월간「신동아」에 "무기의 그늘"이라는 제목의 연재소설을 우연히 보게 되었는데 바로 그 주인공이 내가 가보았던 방첩대 소속 병사여서 신기했다. 후에 알고 보니 황석영 작가가 그곳에서 근무했다는 사실을 알았고 그 기억을 다시 새겨본 적이 있었다.

II. 인생 독립 선언

제대하고 간 곳은 둘째 형네 집이다. 그동안 셋방살이하던 형이 내가 군대 간 사이에 영등포 신남동 언덕 위에 작지만 단독주택을 장만해서 살고 있었다. 처음에는 마루 뒷방에서 빌붙어 살면 될 것 같았다.

안정된 잠자리를 보장받으려면 생활비를 분담할 정기적인 수입이 있어야 한다. 아무리 형제간이라고 하더라도 밥값을 깎을 수는 없다. 당장 급하게 공장에 취업을 했지만 여기는 종업원의 임금을 상습적으로 체불하는 수준을 넘어 아예 차일피일하다가 떼어먹는 일이 다반사여서 결국 나는 생활비도 집안에 내놓지 못하게 되니 형보다는 형수 보기가 민망하고 마음이 불편해졌다.

굶더라도 자유인이 되고 싶은 희망의 탈출구는 결혼이라고 결론을 내렸다. 독립을 해야 한다. 군대 가기 전부터 사귀던 사람에게 청혼을 하고 그 부모를 찾아가서 인사도 드렸더니 "전쟁터에서 살아왔으니 명(命)은 길겠다" 하면서 허락을 받았다. 당시 그녀는 체신부 산하 기관인 중앙전화국에 다니고 있어 내가 실업자가 되어도 심각한 고민은 덜 수가 있었고 무엇보다도 나를 믿어 주고 있어 든든한 마음도 생겼다.

사실 청소년 시절에는 나는 비빌 언덕도 없다는 무기력감에 젖어 있었는데 군대 3년간을 보내면서 어느 정도 극복하고 자부심도 싹트기 시작했다. 부대 영내에서 졸병을 쥐 잡듯이 잡도리하던 고참도 첫 휴가를 가는 후임에게는 해병대 겨울 정장인 그린사지 군복을 몸에 딱 맞게 줄여서 다림질로 말끔하게 줄잡아 옷장에 걸어 놓았던 자기 정장 군복을 입히고 난로 검정 끄름으로 손질한 세무 구두를 서슴없이 내어 주고 신겨서 정문을 나서게 한다.

의장대처럼 바지가 구겨지지 않고 보행 중에도 아래로 팽팽하게 유지할 수 있도록 바지 끝 단에 감는 링이라는 장신구도 빌려준다. 철 스프링을 적당한 크기로 원형 링을 만들고 안에 쇠구슬이나 엠완 소총 철갑탄 총알을 넣어 걸음을 옮길 때마다 금속이 부딪히는 소리가 리듬처럼 울려서 주변 사람의 이목을 집중시키는 효과가 있다. 이 링은 보급품이 아니고 개인이 각자 만들어 사용하는데 대개는 선임들이 제대하면서 후임에게 인계해 주기는 하지만 신임 졸병에게는 구할 수 없는 물건이다.

첫 휴가로 나올 때는 빠르면 이병 때도 있겠지만 일병이라고 해도 계급장은 작대기 두 개 정도의 졸병이므로 상의 팔뚝에 붙이는 계급장이 멋지게 보이라고 선임들이 상병 계급장을 마이가리(미리 당겨서)로 달아 주기도 한다. 그러면서 부대 밖에서는 졸병 표태(표시) 내지 말라고 신신당부한다. 덕분에 졸병이었을 시절부터 휴가나 외박으로 부대 밖을 나오면 괜스레 으스대면서 건방지게 굴었지만 그것이 내게 없었던 자부심을 넣어주는 계기가 되었다.

20대 중반이었지만 결혼에 대해서 두려움보다는 내 마음대로 계획하고 살아갈 수 있다는 자신감이 있었다. 제대하고 4개월 만에 결혼식을 올렸다. 영등포 영일동에 있는 한옥집 행랑채에 두 평이 채 될까 하는 작은방에 자개장롱과 화장대 그리고 재봉틀을 들여놓아 비좁기는 해도 내 생전에 가장 아늑한 그야말로 안식처였다. 그리고서 1975년

부평으로 생활 근거를 옮기기 전까지 이루 헤아릴 수 없을 정도로 이사를 다녔다. 그러면서 끝까지 끌고 다녔던 이 화장대와 재봉틀은 50년이 거의 다 되어서 몇 년 전에 국립민속박물관이 전시하겠다고 가져갔고 그냥 기증해 지금은 어느 수장고에 보관되고 있다.

체불 전쟁

결혼을 하자마자 아직은 유능한 기술자 경지에 이르지는 않았지만 선반공으로 취업은 그렇게 어렵지 않아 이리저리 여러 곳을 옮겨 다녔다. 다닐만한 공장인지 여부는 임금이 제때 잘 나오느냐 점이다. 그리고 철저한 원칙으로 아무리 악덕이라도 받아야 할 임금은 절대 포기하지 않는 것이다.

개봉역에서 동쪽으로 조금 가면 예전에 부산파이프라는 공장이 있었고 그 남쪽 울타리와 경계한 자투리땅에 건축한 가건물에 선반 기계나 세이퍼 등 십여 개의 공작 기계가 있는 소위 마찌꼬바(소규모 공장을 그 시절의 호칭) 공장으로 종업원은 십여 명 정도인 곳에 취업을 했다. 월급이 밀리기는 하지만 늦어도 10여 일 정도에는 지급하던 곳이다. 그런데 언젠가부터 임금이 한 달이 지나고 두 달이 되어가는데도 줄 기미가 보이지 않았, 그래도 떼어먹지야 않겠지 하고 참고 다녔는데 분위기가 심상치 않고 더욱이 공장 문을 닫을 것 같다는 불안감이 퍼져가고 있었다.

공장장을 제외한 여러 명이 영등포 지방노동사무소를 찾아가서 체불임금 해결을 부탁했지만, 반응이 신통하지 않아 모두들 난감한 상태에 빠졌다. 근로감독관이라고 해서 노동자 편이라고 생각하지는 않았지만 역시나 공장 사장의 대변인처럼 어음을 현금으로 바꾸지 못하는 사정을 이해해 주라는 말만 듣고 돌아섰다.

임금을 받아 낼 뾰족한 방법을 찾지 못하고 모두 상실감에 젖어 있었다. 나는 특단의 방법을 강구해 냈다. 4홉짜리 소주 한 병을 들고 공장에 가서 사장 책상 앞에 앉아 안주도 없이 소위 병나발 부는 방법으로 한숨에 다 들이킨 다음 의자를 번쩍 들어 집기들을 어지간히 부숴버렸다. 그리고서 공장 문을 나서면서 "3일 후에 다시 올 거야"라고 고함을 질렀다.

다음 날 오후에 공장으로 오라는 연락이 왔다. 공장 사무실 문을 열고 들어서니 사장이 반색을 하며 반기더니 "어제 많이 취했더만, 마침 오늘 낮에 어음 와리깡이 돼서 당신 월급을 마련했다"며 봉투를 건네주었다. 그러면서 한마디 덧붙였다. "다른 직원에게는 돈 받았다는 소리 하지 마라" 그 정도의 부탁은 들어주기로 했다. 한 열흘쯤 지났을 즈음에 체불 동료들이 다시 노동부사무소에 가자고 연락이 왔지만 나는 빠진다고 했다. 그들은 그러기를 몇 번 더 했지만 끝내 몇 달 치 임금을 받지 못하고 뿔뿔이 흩어져 또 다른 공장으로 옮겨갔다. 몇 달이 지났을 때쯤에 나보다 좀 나이가 많은 그 공장 동료 한 사람을 만났는데 혼자만 임금을 받았다는 얘기를 들었다며 원망스럽다고 한다. 내 답변은 "노동부는 가지 말고 4홉짜리 소주를 병나발 불 정도는 되어야 하고 거기다가 영창 갈 각오하고 땡깡을 부릴 수 있으면 임금 받을 자격이 있는 거야!"

열심히 일했는데 임금을 못 받으면 먹고사는 문제는 물론 공장에

싸가지고 가야 할 점심 도시락마저 준비할 수 없다. 아예 그냥 굶어 죽어야 할 형편이니 도둑질도 궁여지책이라고 동정할 지경이다. 고의로 임금을 떼어먹을 작정을 하는 업주는 악덕이라고 별칭을 부르기도 아깝다. 그냥 아주 나쁜 놈이 맞다.

군대 가기 전에도 그냥 아주 나쁜 놈을 상대해야 할 일이 있었다. 서울 갈월동 굴다리 옆에 있던 공장에서는 육군 입영 영장이 나온 내게 "지금은 돈이 없으니 휴가 나와서 밀린 월급을 받아라" 하며 배 째라 사장을 어떻게 상대할까 고민하다가 최악이고 최선인 방법을 선택했다.

사장이 공장을 비운 사이에 선반에 부착된 척 두 개를 떼어 내어 들고 나오면서 같이 내 옆 기계에서 일하던 직원에게 "내일 나는 용산역에서 11시에 열차를 타고 군 훈련소로 떠날 터이니 사장이 내 밀린 임금을 가지고 오면 이 척을 돌려주겠다고 전해라"고 부탁을 했다. 그리고 그 척은 원효로의 어느 구멍가게에다 보관시켰다.

척(chuck)은 공업 가공 기계인 선반이나 드릴 따위에서, 가공물이나 드릴을 고정하는 회전 바이스 중의 하나로 선반에서는 이 공구가 반드시 필요한 한 것으로 1960~1970년대에는 국산은 없었고 거의 외제(주로 일본제)로 고가품이다.

사장은 인근 청파동 파출소에 도난 신고를 했다. 그다음 날 11시보다 조금 이른 시간에 용산역을 갔더니 사장은 보이지 않고 형사 두 명이 기다리고 있었다. 은팔찌는 차지 않았지만 거의 체포 수준으로 동행해서 척을 찾아다가 파출소에 와서 조사를 받게 되었다.

심문조서를 작성하려던 형사는 나의 전후 사정을 듣고 나더니 서류를 걷어치우고 사장에게 전화를 걸어 "입대하는 사람의 임금을 떼먹으면 오히려 당한다"며 돈 가지고 파출소에 와서 공구(척)를 찾아가라고 통보했다.

득달같이 달려온 사장이 내게는 그간 밀린 임금을 건네주고는 형사에게 고맙다며 봉투 하나를 책상 위에 올려놓았다. 형사는 그 봉투를 집어 들고 속을 슬쩍 들여다보더니 사장에게 도로 주며 퉁명스럽게 한마디 했다. "이 종업원이 당신네 공장에서 일하다가 군대에 간다니 차비라도 보태주라."

멋쩍은 표정으로 사장은 돌려받은 봉투를 그대로 내 손에 쥐여주었다. 이때 형사는 내게 "사장이 차비도 줬으니 이 공구는 공장까지 갖다 줘라"고 권유를 했다. 양팔에 각각 묵직한 척을 하나씩 감아쥐고 파출소 문을 나서서 걸어가고 사장이 뒤에서 따라오다가 어느 정도 지나오니깐 화를 내면서 욕설까지 퍼부어 댔다.

"야! 이 새끼야, 너 임마 오늘 좋은 순경 만나서 운 튼 줄 알아야 해. 너는 법대로 하면 절도범으로 영창 가야 될 놈이야!"

임금은 아예 줄 생각도 없었지만 절도범으로 엮으면 해결될 것 같았는데 뜻대로 되지 않았고 관내 파출소에는 이번 기회를 빌미로 뇌물을 준비했는데 이마저도 원수 같은 놈에게 기부하게 되었으니 속이 부글부글 끓었을 것이다.

"내 물건 뚱 쳐 간 놈에게 차비까지 줘야 하니 환장하겠네."

나는 팔에 들고 가던 척을 하나는 남쪽으로 다른 하나는 북쪽 방향으로 아스팔트에 던져버렸다. 개당 15kg 정도 되는 원통형 모양의 척은 신나게 굴러갔다. 돌발 행동에 깜짝 놀란 사장은 "이게 얼마나 비싼 것인데" 하면서 나를 붙잡기보다는 굴러가는 척을 쫓아 달렸다. 마침 지나가는 빈 택시를 세우고 큰 소리로 외쳤다. "사장님, 감사합니다."

그런데 실제는 이 사건 직후 육군 영장은 찢어버리고 한동안 기피자가 되었다.

문래동 공장과 그 골목들

개봉동 공장에서 겨우 밀린 임금을 받고 이리저리 공장을 옮겨 다니다가 규모가 큰 곳을 찾아 취업한 곳이 영등포 문래동에 위치한 '동양워너공업주식회사'였다. 여기는 진짜 주식회사로 구내식당이 있고 임금을 체불하는 일은 거의 없었다. 기능직 종업원은 약 200여 명이고 기술 관리직도 50여 명은 넘었다.

점심 식사도 제공했다. 식권을 미리 구입해서 이용하기 때문에 저렴하게 밥을 사 먹는 셈이지만 도시락을 싸 가지고 다니는 것보다는 훨씬 좋았다. 식권도 현금 구입이 아니고 외상으로 사면 월급에서 공제하니 별로 부담도 없다.

이 회사는 자동차 동력전달장치와 방위산업 물건을 생산하는 곳인데 이후에 문선명 그룹이 인수해서 통일산업으로 이름을 바꾸고 창원공단으로 이전해서 아직도 잘 돌아가는 회사이다. 창원으로 이전하고 문래동 제2공장이 비어 있을 때, 한겨레신문사 창간 시절의 사옥으로 사용되기도 했다.

내가 마지막 공장 생활을 했던 '코리아스파서공업주식회사'도 생산품목이 자동차 동력전달장치 등이었기 때문에 유일한 동종업체였던 이 동양워너 경력이 입사할 때 매우 유용하게 적용되었다.

동양워너에 다니던 시절에는 우리나라 전력 사정이 너무 나빠서 아침에 출근했는데 "오늘은 정전이라서 돌아가라"는 통보를 받으면 그날은 거의 하루 종일 공장 부근에 대폿집 앞 신작로에서 윷놀이로 시간을 보낸다. 주로 술 내기를 했기 때문에 오후쯤이면 거의 만취 상태에서 그 하루를 마친다.

여기에 어울려서 신나게 돌아가는 사람들은 직장 동료뿐만 아니고 그 동네 사람이나 손수레에 양은그릇이나 생필품을 싣고 팔러 다니는 사람들도 끼어든다. 이런 정전 휴무가 잦았기 때문에 한참이나 놀다 보면 동네 사람인지 공장 다니는 노동자인지 양은 장사인지 구분이 되지 않을 지경이 된다.

이때 배운 윷가락 던지는 기술은 이후 군포의 현대양행을 다닐 때 상당히 빛을 발하기도 했다.

III. 현대양행 노동자 시절
― 대폿집 사람들 그리고 미치도록 부자가 되고 싶었던 꿈…

지금의 군포역 동쪽 부근은 예전에는 논밭이었겠지만 황량한 벌판에 덩그러니 세워진 현대양행이라는 공장이 있었다. 현대그룹의 정씨네 형제 중 하나로 안양 박달동에 주로 스테인리스 철재를 소재로 밥그릇이나 숟가락 등 만드는 양식기 공장인 현대양행이 본사이고 군포는 제2공장인데 중대형의 중기 부품이나 철재 시설물을 제작하였다.

내가 다니던 '동양워너공업주식회사'보다 임금을 많이 준다는 이유와 공산품의 단순 반복 작업보다는 주문 제작이므로 다양한 가공 공정이 개인 기술을 향상에 더 유리하다는 점 때문에 전직을 하였다. 그런데 여름철에는 출퇴근 시간이 많이 걸려도 다닐만했는데 겨울이 닥치자 예상하지 못한 고통이 기다리고 있었다.

예전에는 겨울의 기온이 서울보다 수원 부근이 더 낮아서 무척 추웠다. 군포는 수원 인근이고 너른 벌판에 슬레이트 패널 소재로 건축한 공장은 대형 철 주물을 이동하는 크레인이 높은 곳에서 오가야 하기 때문에 그만큼 공장은 천장이 매우 높았다. 게다가 난방 시설은 아예 설치하지도 않아 동절기의 야간 근무는 마치 시베리아 허허벌판에 있는 기계에서 일하는 것과 다를 것이 없었다. 그야말로 밤을 꼬박 새우며 하는 겨울 노동은 한마디로 지옥이다.

출퇴근 교통편은 영등포 신길동에서 수원 가는 시외버스를 이용하거나 안양역까지 가는 시내버스를 타고 가서 다시 군포를 거쳐 가는 다른 버스를 갈아타야 하는 방법인데 정시 배차라는 개념도 없던 시절이다.

운전사의 페달 밟는 압력 정도에 따라 제멋대로 굴러가는 버스 때문에 저녁 아홉 시까지 출근하려면 늦어도 3시간 전에는 정류장에 나가야만 버스를 하나 놓쳐도 가까스로 시간을 맞출 수 있었다. 운 좋게 바로 타면 한 시간 반 이상을 이르게 군포에 도착하기도 한다.

일찍 도착했다고 해서 곧바로 고통스러운 공장에 들어갈 이유가 없다. 겨울이면 더욱 그렇다. 그래서 대폿집이 잠시 쉬어가는 데는 그만한 곳이 없다. 버스 정류장이 있는 군포사거리 부근에는 현대양행 외에도 대한전선이나 금성전자 금성통신 같은 큰 공장들과 그 외 중소기업들이 많이 몰려 있어 그만큼 노동자들도 많으니 대폿집들이 도로변에 다정스럽게 잇대어 자리 잡고 영업을 하고 있었다.

노동자들은 현금으로 결재를 하지 않고 외상장부에 기재했다가 월급날에 갚는 방식이므로 대개 두어 개나 많아도 서너 집 정도의 소위 단골을 정해 놓는다. 출입문 앞에 있는 계산대 뒤 벽에 걸려있는 수십 권의 손바닥 크기의 공책이 외상 잡부이다. 표지에는 회사 이름과 노동자의 이름을 굵직하게 적어놓고, 공장별로 구분해서 보관하기 때문에 술집 주인은 노동자의 얼굴만 보고도 장부를 쉽게 찾아내 그날의 매상 금액을 적어놓는다.

모든 대폿집은 술상에 끼어 앉아 막걸리를 따라 주면서 멋들어지게 유행가를 불러주거나 젓가락 장단을 그럴듯하게 연주하는 여자를 두어 명 이상은 다들 고용하고 있다.

혹심한 추위가 몸서리나도록 몰아치는 그해 겨울날 밤에도 출근하려고 버스를 탔는데 너무 일찍 군포에 도착했다. 그러니 곧바로 정류장 앞에 있는 가게 문을 밀치고 들어갔다. 내 외상장부가 있는 대폿집 중에 하나다.

대개의 대폿집에는 출입문을 열면 홀이 있고 건너편에는 온돌방에 큼직한 밥상을 가운데 놓고 온갖 요리를 가득 채워 긴 시간을 즐기는 방석집 분위기가 있는 공간이 있고, 홀에는 몇 개의 테이블에 서너 명이 둘러앉아 여종업원이 없으면 주인아주머니라도 끼어 앉아 막걸리를 따라 주는, 말 그대로 대폿집이라는 이름에 걸맞은 공간으로 구분된다.

노동자들이 방에 들어가서 조금은 비싼 안주에 술을 먹을 수 있는 기회는 반장이나 관리직 간부가 격려 차원의 회식을 할 때뿐이고 평상시에는 그저 홀에서 막걸리만 마셔도 충분하다. 안주는 배추김치나 깍두기가 기본으로 나온다. 주인아주머니나 큰언니들은 안주를 시키지 않는다고 채근을 하지 않는다. 이 동네 대폿집 여자들은 이웃집 사촌 같은 친분이 있는 노동자들이 방석에 앉을 만큼의 주머니 사정이 넉넉하지 않다는 것을 잘 알기 때문이다. 노동자들도 혹시 호구로 취급당했다고 느껴지면 미련 없이 바로 옆 대폿집으로 옮겨 가 버린다.

내부 온도를 승객 체온으로 유지하려고 작정한 버스에서 내린 길거리도 역시 너무 추워서 달리 생각할 여유도 없이 들어간 곳은 '청포집'이다. 훈기가 감싸오며 오그라진 몸이 풀린다. 창호지로 바른 방문이 열리면서 성은 모르겠고 그저 민숙이라고 불리는 여자만 내다보더니 후다닥 가게로 나온다.

이 집에는 여자가 셋이나 있는데 큰언니뻘 되는 여자는 주인으로 마흔 살은 훨씬 넘었을 것 같은데 이 바닥에서 오랫동안 종사해서 손님 접대 솜씨가 능숙하다. 너무 능글스러워 마주 앉아 술잔을 부딪치며 객담을 떠들기는 내가 밀리는 것 같아 별로라고 생각하지만 월급날 외상값을 갚으면 조금은 비싼 안주에 막걸리 한 주전자는 외상 턱이라고 공짜로 주는 기분파이다.

막내 아가씨는 아무리 봐도 스무 살도 안 된 것 같은데 그래도 나이가 먹을 만큼 됐다고 하지만 어린 티가 난다고 잔심부름이나 시키면 삐죽거리며 옆에도 오지 않는다.

다들 어디를 가고 혼자서 가게를 지키고 있었나 보다.

"박 씨! 오늘 야근인가 보네."

이 여자는 나를 부르는 호칭이 일정하지 않았다. 외상값을 갚는다고 돈을 내밀면 빙긋이 웃으며 오라버니라고 불러준다. 나이가 어리지는 않은 것 같은데 눈가에 잔주름은 이리저리 세상사를 어느 정도 겪은 훈장일 것이고 어쩌다 취기가 올라 볼에 홍조가 오른 듯 아닌 듯할 때쯤 되면 오빠라고도 한다. 나보다는 어릴 것이라고 짐작은 하지만 나이를 제대로 말하지 않는다. 몇 살인지 굳이 알 필요가 없으나 편하게 반말을 해도 화내지 않고 그냥 받아주니 심성은 괜찮은 편이다. 말투로는 충청도 출신인 것 같기는 하지만 정확히 알 수는 없고 민숙이라는 이름은 본명이 아닌 듯하지만 중요하지 않다. 불러서 대답을 그 여자만 하면 맞는다.

"민숙아! 나 오늘 얼어 죽었다."

주문하지 않아도 막걸리 한 주전자와 정말 맛있는 전라도 젓갈김치 한 접시를 탁자에 올려놓자마자 술 한 잔을 따라 준다.

"너도 한 잔 해야지" 하고 잔을 내밀었더니 뒤로 한 발짝 물러서며 두 손바닥을 세워 내밀며 다급하게 한마디 던진다.

"박 씨는 이 주전자 술을 한 방울이라도 남기면 오늘 밤 공장에서 정말 얼어 죽어요."

민숙이는 우리 패거리들의 술상에 자주 어울리면서 주워들은 얘기만 해도 현대양행 공장 내부 상황을 훤하니 알고 있을 터이다. 취기로라도 체온을 보전하라는 소리이다.

말이 끝나기도 전에 주방으로 들어가더니 곧이어 계란 하나를 반숙해서 접시에 담아 내온다. 매상 올리려는 짓인가라는 생각에 "야! 나 안 시켰는데…"

눈치 빠른 여자는 손사래를 치면서 "지금 주인아줌마가 시장 가고 없어서 그냥 내가 선심 쓰는 거야. 얼어 죽지 않으려면 칼로리가 많이 필요하니깐 얼른 드시기나 해!"

계면쩍은 나는 얼른 말을 돌렸다.

"넌 가방끈이 얼마나 되길래 칼로리 같은 소리를 하냐."

그다음에 던져오는 여자의 말 때문에 흠칫했다. 처음 듣는 과거사였다.

"나도 작년 겨울까지는 공순이였지. 그때 난로도 없는 공장에서 얼어 죽을 뻔했는데 겨우 살아난 셈이라오."

이 사람이 원래부터 술집 여자가 아니라고 했다.

궁금증이 발동한 나는 "어느 공장인데?"라고 물어보려고 하는데 여자는 휑하니 돌아서서 방으로 들어가더니 잠시 있다가 손에 옷가지 하나를 들고나왔다.

"내가 입는 잠바인데 남자에게는 조금 적어도 속에 끼어 입으면 덜 추울 거야."

진남색의 섀미 잠바이다. 내 토퍼를 벗기고 팔 소매를 잡아주길래 억지로라도 입어보니 겨우 앞 지퍼를 올릴 수 있었다. 여성용 고급 외출복으로 보였다. 빌려 입어도 될까 하다가 우선 추우니 입어보기로 하고 공장에 들어와서 작업복을 그 위에 겹쳐 입었다. 덕분에 그 밤에는 살아남았다.

아침 퇴근하면서 청포집에 들렀더니 출입문은 안으로 걸려있었고 문을 흔들어도 기척이 없어 그냥 집으로 왔다가 저녁 다시 출근할 때는 작업 시작 시각에 쫓겨서 못 들리고…, 어떻든 그다음 주의 주간 작업조가 되어서 찾아갔을 때는 민숙이는 거기 없었다.

큰 언니인 주인아주머니에게 웬일이냐 물어봤는데 시큰둥한 말투로 더 좋은 데로 간다면서 그만두었다는 대답이다. 어디도 갔느냐고 했더니 모른다고 하더니 "왜 찾아가 보려고?" 했다. 더 길게 얘기를 나누다가는 엉뚱한 방향으로 나갈 것 같다는 생각이 얼핏 들어서 슬쩍 말머리를 돌렸다. "뛰어봐야 군포 바닥일 텐데 어디서든 걸리겠지. 뭐!"

엉거주춤 테이블을 끌어안듯이 두 팔로 짚으며 "막내야! 술 가져와라!" 소리쳤다.

쟁반에 주전자와 김치를 가지고 와서 테이블에 올려놓고 술 한 잔을 따라 주면서 소곤거린다.

"언니가 주인아줌마와 한바탕하고 나갔는데, 안양으로 올라간대요."

"안양? 어딘데…?"

"그건 말 안 했어요."

그리고 며칠 후 다시 청포집에서 큰언니가 자리를 비운 사이에 막내에게 진심 어린 부탁을 했다.

"내가 민숙에게 빌린 책이 있는데 돌려줘야 하니깐 어느 가게에서 일을 하는지 알아봐 줘."

두어 달이 지날 때쯤 막내는 민숙이가 일하는 업소를 알려줬다. 안양역에서 남쪽으로 조금만 내려오면 있다고 약도까지 그려 준다.

세탁소에서 드라이크리닝까지 한 섀미 잠바를 고이 싸서 들고 그 가게를 찾아갔다.

이 술집은 분위기가 다르다. 출입문부터 미닫이가 아닌 여닫이 새시 문이다. 내부는 미색 벽지로 대낮인데도 붉은색 미등이 켜져 있어 여기는 막걸리가 아니라 맥주나 양주를 주로 팔겠다는 생각이 들었다.

나타난 민숙이는 옷차림이 훨씬 화려하고 이전보다 짙은 화장 탓이기는 하겠지만 눈가에 잔주름도 보이지 않고, 확실히 사람이 달라 보였다. 기왕에 오랜만이니 얘기도 나눌 겸 해서 술 한잔할 현금도 준비해 갔지만 나 같은 노동자에게는 어울리지 않는 곳이라고 생각이 먼저 앞선다.

"아끼던 옷을 빌려줬는데 바로 돌려주지 못하고 이제 와서 미안해."

"일부러…? 굳이 돌려주지 않아도 되는데."

"덕분에 얼어 죽지 않았으니 고맙다고는 해야지."

그리고 청포집을 왜 그만두었느냐느니 여기는 월급을 많이 주느냐느니 하는 대답도 하지 않을 질문을 몇 마디 하다가 어색하다는 생각이 들어서 가야겠다고 일어섰다. 내 주머니 형편을 아는 민숙이는 술 한잔 하라고 권하지도 않았고 따라 일어나며 그래도 시간 나면 한번 놀러 오라고 인사를 했다.

"열심히 돈 많이 벌어서 금의환향하세요."

열어주는 문을 나와 몇 걸음을 떼고 나서야 나도 모르게 민숙이에게 존댓말로 인사를 했다는 것을 깨달았다.

그리고 몇 개월 후 나도 현대양행 군포공장을 그만두었다.

현대양행 군포공장에는 주물반과 기계반이 있었는데 내가 소속된 기계반에는 한 20여 명의 노동자가 있었다. 그중에 안양 유원지 출신으로 나이가 비슷하고 해병대로 월남전도 갔다 온 점도 나와 비슷한 이유로 단짝이 된 친구가 있었는데 이런 인연이 좋은 점도 있지만 가끔은 불편한 원인이 될 수도 있었다. 공작반은 아직 군 미필자로 견습공인 두어 명 외에는 우리 두 명이 가장 젊었기 때문에 군포사거리에 동료들이 떼 지어 나오면 어쩔 수 없이 선발대 역할을 했는데, 그래서 말썽이 증폭되면 나도 모르게 참으로 불편한 상황에 빠져든다.

어느 날 민숙이가 사라진 청포집에서 우리 공작반 동료들 몇이 술을 마시고 있는데 옆 공장 노동자들과 시비가 붙었고 신작로까지 나와서 패싸움 비슷하게 붙었는데 상대방 하나가 넘어지면서 도로 경계석 모서리에 머리가 부딪혀 피부가 찢어졌다. 상처는 깊지 않았지만 피를 많이 흘려서 얼굴과 옷에 묻어 보기가 민망할 정도가 되었다. 경찰이 출동하고 다들 도망갔지만 피투성이 된 사람을 두고 튈 수가 없어 남아서 치다꺼리를 하다가 그대로 잡혀서 안양경찰서 유치장에 갇혔다.

당시 공장에서는 울산조선소 건설에 사용할 빅도어(Big door)를 제작하고 있었고 준공식에 박정희 대통령이 참석한다고 해서 시각을 다투는 상태였던 탓에 기계반 담당 부장의 주선으로 3일 만에 훈방되긴 했지만 집안에서는 갑자기 행방불명이 된 사람을 수소문하고 찾아다니느라 얼마나 고생했는지 수십 년이 지난 지금도 아내는 그 이야기를 하면 언성이 높아지며 눈살을 찌푸린다.

군포에는 나를 붙잡고 홀리는 귀신이 있는 것 같았다. 술 귀신과 경찰 귀신이다. 술 먹는 분위기 넉넉했던 것까지는 좋았지만 서너 달에 한 번씩은 파출소나 경찰서를 들락거려야 했던 핑계를 애매하지만 귀신 탓으로 돌렸다.

"군포는 내 인연이 아닌 것 같다." 경찰서 문을 나설 때마다 반드시 드는 생각이었다.

노동조합에 사기당하다

공장 안에서 노동하는 분위기는 겨울을 제외하고는 그런대로 할 만 했다. 특히 기계반의 조장은 훤칠한 키에 얼굴도 잘생긴 미남형인데 성격도 좋았고 연배 차이가 얼마 되지 않지만 선반 기능이 상당한 수준이어서 은근히 내가 존경했다.

어느 날 그 조장이 야근을 위해 출근하는 나를 공장 정문 앞 먼발치에서 기다리고 있다가 부탁이 있다며 붙잡는다. 내일 오전에 공장 마당에서 노동조합 창립 보고 집회가 있으니 아침에 퇴근하지 말고 기다리란다. 오늘 자기는 야근은 하지 않고 지금 노동조합을 만들기 위해 간다며 비밀로 하고 고참은 제쳐놓고 의리 있는 사람들만 모아 놓으라는 거다.

야근을 끝내고 공장 식당에서 아침을 먹고 다시 공장 안에 들어가서 하릴없이 주간 조 기능 직원들의 일하는 것을 보는 척하면서 이제나저제나 우리 조장이 나타날 때만 기다리고 있었다. 그렇게 두어 시간이 지났을 즈음에 관리직 젊은 직원이 공장으로 들어와서 내게 다가오더니 왜 퇴근 안 하느냐고 물었다. 내가 대답을 못하고 어물쩍거리자 내 귀에 입을 가까이 갖다 대고 말했다. "노동조합은 깨졌으니 귀가하고 야근이나 꼭 출근하라!"

공장 안을 둘러보니 소문이 그새 퍼졌는지 술렁거렸다. 담배 피우다가 어른한테 들킨 것처럼 멋쩍어서 공장 문을 빠져나왔다.

저녁에 야근을 들어갔더니 조장은 출근하지 않았다.

소문과 소식이 섞여서 그날 밤은 물론이고 이후에도 오랜 기간 꼬리에 꼬리를 물며 퍼져 나왔다. 중식 시간이나 퇴근하는 길에 모이는 대폿집 등에서 한동안은 노동조합이 대화의 주제가 되었다.

안양공장에서 주동했고 군포공장에서는 대표 차원으로 서너 명이 참석해서 노동조합 창립총회를 개최하려고 중국집 뒷방에 모였는데, 갑자기 전등불이 꺼지고 시커먼 놈들이 들어와서 후레쉬로 핵심들을 찾아 끌고 나갔고, 조금 있다가 불이 켜진 다음에 회사 간부들이 술과 안주를 가져와서 남아있던 사람들은 회식으로 얼버무리고 해산되었다는 것이다.

비밀리에 모였다면서 어떻게 회사가 알 수가 있었을까? 도대체 이해할 수 없던 흑막을 서서히 알 수가 있었다. 노동조합을 설립하려면 먼저 전국 단위조직(전국금속노동조합연맹)의 지역지부에 승인을 받아야 하는데 이때 노동조합 간부의 명단을 첨부하여야 한다는 것이다. 그런데 이 명단은 은밀하게 경찰서 정보과로 전달되거나 회사에서 사정을 하면 보여주고 모른척하면 아무도 이런 과정은 알 수가 없다. 그러면 회사 노무과의 노조 파괴 작업은 어렵지 않게 진행된다. 이런 구조와 사정을 잘 알고 있는 노농조합 전문 브로커는 순진한 노농자들을 꼬드겨 조합을 만들게 하고 그 명단을 회사에 팔아넘긴다는 소문도 자자하다면서 이번 건도 매우 수상하다고 숙덕거렸다.

어떻든 나는 노동조합에 대해 기초 지식을 학습한 셈이다. 매우 불량한 조직이라는 생각을 가지게 된 불행한 기회이기도 했다. 몇 사람의 동료들과 내가 존경하던 조장은 다시는 볼 수 없었다. 이때부터 괜스레 멀쩡한 동료들도 믿을 수 없다는 생각이 들고 공장도 싫어지기 시작했다. 결국 그 후 얼마 지나지 않아 공장이 너무 멀어 출퇴근이 힘들다는 이유를 대고 현대양행을 그만두었다.

건축업 학습

현대양행을 다니면서 그래도 절체절명의 의지로 나로서는 획기적이라고 할만한 일을 추진했던 시절이기도 했다. 건축업을 시도해 본 것이다.

장인은 철도청에 다니면서도 주택 건축업을 부업으로 한 적이 있었다. 신길동의 동네 인근에 밭을 사서 건축이 가능한 최소 넓이로 분할하고 여기에 필지마다 같은 모양의 단독주택을 지어서 분양하는 방식이다. 동일한 모양으로 동시에 여러 채를 공사하면 비용을 저렴하게 썼으므로 장사가 되는 셈이다. 장인은 돈을 좀 벌었을 것 같은데 그렇지 못했다. 형수가 조카들을 몰고 와서 새집 하나를 떼쓰며 달라고 해서 죽은 형님의 가족도 책임져야 한다며 한 채 줘 버렸다. 여기에 덩달아 부평 신촌 출신 조카사위도 계약금 조로 몇 푼 가지고 와서 잔금은 나중에 준다면서 달라고 하니 차마 거절을 하지 못하고 등기 이전을 시켜줬지만 나머지는 받지 못했다는 사연을 들은 적이 있다.

오랫동안 이리저리 생각과 고민을 하던 나는 장인에게 부탁을 하기로 했다.

"딸도 자식인데, 유산 물려주는 셈 치고 이 사위에게 건축업을 가르쳐 주십시오!"

그렇게 해서 전세 돈을 빼고 결혼반지, 아들 돌 때 장만한 반지까지 하여간 돈 되는 모든 것은 현금으로 바꿔서 밑천으로 하고 모자라는 것은 장인이 빌려줬다가 신축한 집이 팔면 우선 변제하는 조건으로 일을 벌였다.

신림동에 낙골(지금은 난곡동이라고 한다)이라는 동네에 있는 개울가에 붙은 땅을 찾아냈다. 폭우가 내리면 침수가 된다고 싸게 나온 땅을 구입하고 복토하는 방식으로 높여서 터를 닦았다. 지금이야 그곳은 아마 고층 아파트 단지로 변해 있을 터이지만 70년대 초반에는 미아리 망우리에 버금가는 공동묘지가 들어찬 지역으로 정말로 서민들이 들어와 터 잡고 살기 시작한 동네이다.

집을 짓는 동안 약 3개월간은 공장에 협의해서 야간 근무만 하고 낮에는 현장에서 잠깐씩 눈을 붙이며 장인이 목수나 미장이들을 지휘하며 일하는 모습을 꼼꼼히 챙겨 보았다. 거의 끝날 즘에는 장인이 현장에 없을 경우에 내가 일꾼들을 부려보기도 했다.

집이 완공된 후 집이 팔리기 몇 개월간은 새집에서 생전 처음 집주인 행세를 하며 으스대기도 했다.

두 번째 건축업은 헌 집을 리모델링해서 새집으로 만들어 되파는

내가 네 번째로 건축한 집

일로 영등포 신길역 부근에 있는 아주 오래된 한옥 기와집이 대상이 되었다. 여기까지가 장인이 나에게 건축업을 연수시켜 주며 자산도 불어나게 해줬다.

이후 코리아스파이서 공장에 입사해서 얼마 동안은 영등포에서 출퇴근을 했는데 처음에는 부평이라는 곳이, 더욱이 부평 기차역에서 한참을 들어가야 하는 촌구석 같은 삼산동이 그리 맘에 들지 않았지만 한참을 다니다 보니 그런대로 살 수 있겠다는 생각이 들어, 서너 살짜리 자녀들을 데리고 옮겨왔다. 두 집을 이어 붙여 건축한 연립주택을 분양 받았다가 왠지 맘에 들지 않아 1년도 되지 않아 팔았다. 그리고 갈산동에 나대지 두 필지를 구입해서 우선 한 필지에 네 가구 연립주택을 지어 분양하고 그 후에 나머지 한 필지에 태양열주택을 설계해서 지었다. 경사진 땅에 터를 만들다 보니 지표 아래에는 마사 암반이 나와서 지형에 맞춰 건물을 배치해 2층이 되었고, 그 위에 태양열 집열판을 설치할 경사 78도 슬라브를 치면서 거기에도 꽤 넓은 공간이 생겨

결국 3층 집이 되었다.

  3층은 일종의 다락방이지만 천정 높이가 여덟 자나 되고 넓이도 열 평은 훨씬 넘었으니 부평 시내 전체가 보이는 전망 좋은 방으로 꾸미고 폼 나게 서재라고 이름을 붙였다. 언젠가는 대우자동차 노조 활동가들이 회의를 한다고 몰려와서 토론을 하다말고 몸 투쟁을 할 정도로 모임 장소로 빌려주기도 했다. 지금은 고인이 된 김근태 씨가 수배 중일 때에 찾아와서 여기서 며칠 묵어가기도 했다.

  새집을 짓고 회사 같은 반 동료들에게 의무적으로 치르는 집들이를 할 때가 광주5.18항쟁이 일어나고 며칠 되지 않을 즈음이다. 터를 닦을 때 지하수가 발견되어 샘을 파서 우물을 만들고 이 물을 이용해서 한 평 반 정도의 넓이가 되는 연못도 만들어 잉어를 키우기도 했다. 마당에다 미끄럼틀도 만들어 놓고 그야말로 부르주아지 흉내를 내보았다. 공장을 다니면서 어느 때는 육체의 휴식은 단 1분도 허락하지 않고 부자가 되려고 달렸던 그런 시절이 내게도 있었다.

  조그마하더라도 건설회사 하나 만들고 싶었다. 그러나 그 꿈은 바늘에 찔린 풍선처럼 어느 날 사그라져 버렸다.

IV. 마지막 공장 코리아스파이서 노동자로

길동무 따라가서 접수한 이력서로 입사하고

현대양행에서 같이 근무하던 동료 하나가 인천 부평 공단에 있는 어느 공장에 입사 지원 이력서를 내러 가는데 나보고 길동무 삼아 같이 가보자고 하길래 "내가 머슴이냐? 남이 취직하러 가는데 쫓아다니게" 하며 싫다 했더니 "그럼 너도 이력서 하나 써 가지고 가서 같이 내보자"라며 멀기는 해도 통근버스가 영등포까지 운행되고 임금도 꽤 센 미국 투자 회사라고 얼러댔다.

그 공장에 자기 형의 친구가 있어서 소개를 해준다고 했는데 나도 덤 붙어서 부탁해 보겠다는 제안을 했다. 미심쩍지만 밑져봐야 본전이라는 생각으로, 또 부평공단 구경도 할 겸 따라나섰다.

인천 가는 기차를 타고 부평역에서 내려 강화도 가는 시외버스를 갈아타고 부평 시가지를 벗어나니 오른편에는 끝없는 논바닥이고 왼편에는 제법 큰 공장이 있었는데 바로 지엠케이(GMK) 자동차 공장으로 이후 새한자동자, 이어 대우자동차로 이름이 바뀐 지금의 한국지엠 공장이었다. 그 공장 끝에서 부평공단으로 가지 않고 우회전했다. 여기부터는 왕복 1차선의 아스팔트 포장이기는 하지만 인도 경계석도 없는 도로로 접어들었다.

조금 더 가서 차에서 내려 보니 인근에 주택들이 좀 모여 있긴 해도 거의 허허벌판에 세워진 공장이다. 전에 내가 다녔던 현대양행과 비슷한 분위기였다. 다만 공장 건물의 높이가 좀 낮아 보여 겨울 추위는

코리아스파이서 공장 전경

덜할 것 같기는 한데 아주 촌구석인 것은 분명해 보였다.

경비실에서 소개해 준다는 그 형의 친구분을 만나서 이력서를 건네주었다. 먼저 자기 친구 동생의 이력서를 훑어보고 그대로 접어 봉투에 넣어두고 그다음에는 내 이력서를 찬찬히 들여다본다. 그리고는 초면인 데도 친절하게 대해주면서 동양워너에서 주로 한 작업이 무엇이냐고 물었고, 나는 엑슬 샤후드를 선반 가공했다고 대답했다.

몇 가지 더 물어보더니 "채용 과정은 생산부서에서 이력서로 서류 심사를 해서 기능이 있다고 인정되면 연락을 할 것이다. 그때 다시 와서 실기 시험을 치르고 합격하면 다시 면접을 보는데 그때 임금도 결정하게 된다"는 설명을 했다.

일주일 후쯤에 연락이 왔는데 같이 가자고 하던 그 친구는 아무런 통지도 없었다고 한다. 그러니까 서류 심사에서 엉뚱하게 나만 통과된 셈이다. 그리고 실기 시험과 면접을 거쳐 임금도 결정하게 되었는데 일당은 내가 요구한 일당보다는 조금은 깎였지만 그래도 예상 금액보다는 높았다. 거기에 보너스도 연 200%라고 하면서 앞으로 점점 인상될 것이라고까지 언급했다. 나를 채용하려고 애쓰고 있다는 생각이 들어 곧바로 입사를 결정하고 그다음 날부터 출근했다. 1975년 말경이다.

회사 입사 순서로 부여되는 나의 사원 번호는 76번으로 이후에도 공장을 확장하면서 계속 신입 사원들을 모집해서 천여 명 훨씬 넘는 노동자들이 취업하고 있었으니 그래도 고참 측에는 들어간 셈이다.

회사는 내가 입사하기 2년 전에 설립했으니 아직은 어설퍼서 식당도 샌드위치 패널로 지은 가건물에서 운영되었지만 퇴근할 때는 「경향신문」 석간을 경비실 앞에 쌓아놓고 무료로 가져갈 수 있게 해서 무슨 일인가 했는데 같은 그룹이라고 하니 괜찮은 회사라는 생각이 들었다.

시간이 지나면서 알게 된 회사 사정은 넉넉하다고 판단이 되고 임금 수준도 인천 지역에서는 상위급이라고 하니 공돌이는 여기가 마지막이라고 다짐하였다.

코리아스파이서공업주식회사는 당시 신진그룹으로 1973년에 설립되었다. 자동차 동력전달장치를 제작하는 미국에서 동종의 자동차 부품 제작사인 '대나 스파이서'가 자본 49%을 투자하고, 국내 자본 51%의 지분을 가지고 있는 소위 외국 합자 기업이다. 그때 신진그룹은 완성차 조립 공장인 GMK, 한국중공업(대우중공업으로 명칭이 변경되었다가 지금은 두산중공업) 등 자동차 제작에 필요한 엔진, 동력전달장치 그리고 조립공장 등 3대 핵심 공장을 1973년에 국내에서는 최초로 모두 갖추었다. 현대그룹보다 7, 8년 더 빠른 셈이다. 현재 쌍용자동차의 전신으로 코란도를 생산했던 신진지프 공장도 같은 그룹 소속이었다. 서울 사방에 있었던 신진자동차학원과 신진공업고등학교 등도 신진그룹이었다.

입사 당시에 돌 조금 지난 아들 하나였다가 다음 해에 딸이 출생하면서 가장으로서 더 무거워진 부담을 가지며 이 공장에서 한 5년만 착실하게 다니다가 다시 영등포로 가서 좀 더 좋은 돈벌이를 찾아야겠다고 생각했다.

그런데 1980년쯤에 내가 소속된 기어반 주야간 2교대 조의 한 조 조장이 되면서 주춤거리다 보니 5년이라는 나와의 약속은 기한 없이 연기되었다.

나는 건수부장이야!

현대양행 시절에는 노동에 지친 심신을 공장 부근 대폿집에서 풀었다고 하면 여기는 같은 공장 노동자들끼리, 특히 우리 기아반(생산 과정이 20여 개 공정을 이어서 작업하도록 되어 있어 부서 명칭을 '라인'이라고도 한다) 동료들과의 친목을 즐기는 편이었다. 같은 반 동료가 결혼하면 건수부장이라는 내가 주동을 해서 신혼방에 전 반원이 몰려가 '신랑 달기'를 영창 신고식 수준으로 집행해서 술 한 상을 거창하게 받게 함으로 찐한 추억을 만든다. 전세방으로 이사를 한 것까지 건수로 잡아 집들이를 하게 한다. 분기마다 삼겹살 회식은 전체 반원들 대상으로 이뤄진다. 봄, 가을에는 반원 전체 체육대회를 하고 1년에 꼭 한번은 단체 야유회를 열었다. 이와 같은 우리 자체 행사는 반원 전체가 선출한 일종에 상조회 총무의 주관으로 진행되는데 반원들은 나를 총무라고 부르지 않고 건수를 잘 만들어서 분위기를 잘 이끌어 준다고 해서

'건수부장'이라고 명칭이 변경되고 나중에는 공장 내에서 공식 별명이 되었다.

먹고 마시는 데만 신경 쓰는 것이 아니라 반원의 길흉 대사도 빠짐없이 챙겨 냈다.

계양산의 징맹이고개 넘어 연희동에서 수 대를 살아왔다는 토박이 농사꾼의 아들인 우리 조의 동료가 어느 해 봄에 모내기 걱정하는 것을 듣고 야간 근무까지 끝난 일요일 아침에 조원 모두가 곧바로 논바닥으로 달려가 하루 종일 일손 돕기를 한 적이 있었다.

그다음 날 월요일에 출근해서 반장에게 어제 봉사 활동을 자랑스럽게 얘기했더니 오후에 생산부 과장이란 놈이 직원들의 휴식에 지장을 줬으니 시말서를 쓰라고 반장에게 지시를 한다. 내 대답은 "부장, 지가 쓰면 내가 싸인은 하겠다." 그리고 한 마디 더 붙였다. "부당한 지시는 안 해도 된다고 노동부 감독관이 말씀하셨다." 물론 그런 말은 내가 지어낸 말이다. 내 말을 믿었는지 이후 아무런 반응은 없었다.

우리 반 전체 회식을 하는 경우에는 식당 예약부터 마지막 결재까지 건수부장의 담당이다.

술 좋아하는 내가 이런 행사를 진행하는 과정에서는 한잔도 마시지 않고 그날 모두가 소비한 고기와 술을 비롯한 음료수 숫자를 체크하고 과일값까지 계산한 마지막 무렵에야 식탁에 합석해서 술 한 잔 급하게 먹고 마무리를 하는, 결코 만만치 않은 역할이지만 회사 공돌이 중에 유일한 부장(?)이라는 놀림을 즐겼다.

어느 해 망년회는 부평구청(지금은 부평구보건소 위치) 부근 사거리(지금은 오거리)에 규모가 제법 큰 음식점에서 삼겹살 구이를 메뉴로

해서 열렸다. 직장과 반장의 모두 발언이 끝나고 모두 잔을 들어 첫 잔 건배를 하면 그때부터는 누구의 간섭 없이 먹고 마신다. 어떤 사람은 맥주만 마신다고 주문하면 원칙적으로 건수부장을 통해야 미리 작정한 예산 금액에 맞춰 조절하도록 통제해야 하지만 어느 정도 분위기 올라가면 자기는 맥주가 체질이라며 그 비싼 것을, 또 다른 놈은 자기는 몸이 가벼워 마누라에게 괄시를 받는다며 삼겹살을 두 배로 가져오라고 종업원에게 소리 질러서 직접 주문한다.

내 돈 쓰는 것처럼 망년회에 통 크게 풀자며 통제를 포기하고 식탁으로 올라오는 고기와 음료수 숫자만 세고 있다가 우연히 삼겹살을 저울에 올려놓고 무게를 다는 작업 광경에 눈이 멎었는데 이상한 점이 발견되었다. 고기를 그득 담은 쟁반 하나가 5인분이라고 해서 그렇게 계산하고 있는데 저울 바늘이 1킬로그램을 가리키고 있는 것이다.

200그램이 1인분이고 그 단가가 벽에 큼직하게 써 붙여 놓고도 쟁반 무게를 포함해서 5인분으로 계산하는 것이다. 바쁘게 고기를 식탁으로 옮기던 작업을 중단시키고 빈 쟁반만 무게를 달았더니 200그램이나 되었다. 그러니깐 이제까지 고깃값에서 2할은 허수였던 셈이다. 당장 주인을 불러서 확인시키고 "당신들은 옆에 있는 구청 공무원들에게도 저울을 속이면서 장사한 것이냐?"라고 딱 한 마디만 했는데 얼굴이 흑색으로 변하면서 얼른 사과를 했다. 결국 그날의 결재액은 대폭 삭감되었고 그 바람에 우리 반 동료들로부터 건수부장에 대한 권위는 증폭되었다. 이 든든한 신뢰 관계는 최소한 내가 해고되고 그리고도 한동안은 유지되었다.

특히 특례보충역으로 입사한 청년들, 공업고등학교를 갓 졸업하고 방위산업체나 기간산업체에서 5년간 근무하면 군 복무를 면제해 주는 조건으로 들어온 아주 파릇한 젊은 친구들과는 조금 더 친밀하게 지냈다. 이들은 아무리 동문 선배라고 하더라도 부당한 지시나 요구는 과감하게 반발하는 정의파였다. 더 나아가 회사의 관리직 간부들에게도 가부를 따지는 태도는 정말 용감 그 자체이다.

회사에서 생산량을 올려야 한다며 일요일도 휴일 근로를 지시했는데 이 젊은 친구들은 거의 모두 출근하지 않았다. 그다음 날 작업 시작 전에 생산 과장이 생산직 종업원 모두를 공장 앞 마당에 집합시켜 놓고 휴일 근로 지시를 불이행한 자에게 징계를 하겠다고 엄포를 던지는데, 잠시의 여유도 없이 이 젊은 친구 중에 하나가 손을 번쩍 올리더니 "휴일 근로는 당사자와 합의하여야 할 수 있는데 나는 합의한 적이 없습니다" 하고 말했다.

말대답한다고 화가 난 과장은 "그런 법이 어딨어?" 버럭 소리를 질렀다.

젊은 친구는 즉각 답변했다. "근로기준법에 있습니다."

이 순간 '저 친구는 징계 더 먹겠네!'라고 짐작하고 있는데 생산 과장은 머뭇거리며 뜸을 들이더니 그냥 "해산" 한 마디로 끝을 맺는다.

이처럼 싱싱한 젊은 친구 중에 대여섯 명은 몇 년 후 내가 회사로부터 해고당했을 때 얼마 지나지 않아 동시에 징계 차원으로 부산, 광주 그리고 평택 등으로 파견 형식을 빌려 공장 현장에서 격리되었다.

요부 염좌로는 산재가 안 된다?

회사는 임금 조건도 인천 지역에서는 상위 수준이고 식당도 큼직하게 2층으로 신축했고 실력 있는 영양사도 채용해서 식사도 다양하게 제공되었다. 매주 수요일마다 나오는 삼계탕은 매우 인기가 있어서 재활용품을 수거하는 업체의 소속된 노동자들도 굳이 수요일에 우리 공장에 들어와 작업을 하고 비싼 점심을 공짜로 먹고 간다. 공장 내에 복지는 그런대로 괜찮은데, 산재에 관련해서는 자가 치료로 유도하는 등 매우 소극적이었다.

1980년쯤에 회사가 8톤 트럭 이상이나 버스 등 대형 자동차의 동력전달장치를 개발하고 있었다. 엔진에서 발생한 동력을 바퀴로 전달하려면 직각으로 방향을 전환하는 장치에 링기어라는 부품이 필요한데 그것을 선반에서 1차 가공을 하는 공정을 내가 담당하게 되었다.

그 링기어 가공 소재는 외부에서 단조라는 과정을 거친 약 35내지 40여 킬로그램 정도나 되는 무거운 쇳덩어리였다. 이 쇳덩어리를 양손으로 들어 올려서 복부에 걸치고 계단을 두 개 밟고 올라가서 어깨 높이가 되는 선산기계의 소재 물림 틀(Chuck)에 장착시키고, 가동이 끝나면 다시 반대로 내려놓는 동작을 매일 수십 번씩 반복하는 작업을 두어 달 계속했다. 결국은 허리 디스크가 고장 났고 회사 안전 담당에게 보고를 했는데도 이 증상은 '요부 염좌'라고 해서 이 병명으로는 산재 처리가 안 된다고 했다. 통증의 정도는 증가하고 방치하면 아예 평생 병신이 될 수 있다는 걱정으로 내 돈으로 치료를 받기로 하고 중식 시간을 이용해서 부평소방서 옆에 있는 부평연합병원의 정형외과 안

승택 의사에게 치료를 받았다.

그런데 부평역 부근에서 공장으로 돌아오는 대중교통은 시내버스 34번 하나밖에 없어서 차가 늦게 오면 어쩔 수 없이 오후 작업시간 시작 전에 들어오지 못하고 지각하는 일이 종종 있었는데 회사는 이 시간을 분 단위로 계산해서 그달 월급에서 감액시켰다. 이런 개 같은 경우가 있냐고 안전 담장 관리자에게 따지고 그다음 날부터 출근을 하지 않고 병원만 다니면서 버텼다. 며칠 후 생산에 차질이 생긴 회사는 노동부에 산재 신청을 했는데 처리되지 않고 있다며 우선 출근해 달라고 사정을 한다. 그렇다면 회사가 아니라 노동부가 문제였다.

바로 부평역 부근에 있던 노동부인천지방사무소를 찾아가서 담당 근로감독관을 찾아 상담을 해봤더니 이 사람이 또 가관이다. 산재 처리가 불가능하다며 이유를 장황하게 늘어놓으면서 결론을 이렇게 말한다.

"허리 아픈 것은 엑스레이에도 나타나지 않아 객관적으로 확인이 안 될 뿐만 아니라 부부간에 성생활을 하다가도 발생할 수 있기 때문에 꼭 공장에서 다쳤다는 것을 증명할 수 없다."

나는 하도 어이가 없어 멍하니 있다가 "그렇다면 당신은 현장 조사를 해서 내가 하는 작업 과정에서 만의 하나라고 원인이 되어 허리를 다칠 수 있는지 여부를 판단해야 되는 것이 아니냐?"고 소리를 질렀다.

이때 지나가던 이 지방사무소의 최고 책임자인 소장이 너무 시끄럽다면 다가와서 무슨 일이냐고 간섭을 했다.

나는 목소리를 더 높여 "내가 공장에서 허리를 다쳐서 산재 신청하러 왔는데 이 자식이 나보고 열(拾) 하다가 생긴 디스크라고 하네요!"

칸막이 없는 사무실의 책상에서 일하는 척하면서 이쪽 분위기를 살피던 직원들이 내 입에서 다듬지 않은 단어가 튀어 나가자 입을 쩍 벌리고 시선을 모은다. 당황해진 소장이 나를 이끌고 2층 자기 집무실로 들어가서 자초지종 사연을 듣더니 근로감독관을 불러 산재 처리하라고 지시를 한다. 다음 날 다시 노동부인천지방사무소의 담당 근로감독관을 찾은 나에게 "허리 통증으로 산재 처리된 것은 인천에서 당신이 처음이다"라면서 자기를 나쁘게만 생각하지 말아 달라고 덧붙인다.

10여 년이 지나 내가 복직해서 노조 활동을 할 때에는 회사에 허리 통증으로 산재 처리가 되어 출근하지 않는 조합원이 4~50여 명에 이른 적도 있었다.

회사가 지원하는 노동조합 설립

1980년 4월경에 공장 현장에서는 노동조합을 만들어질 것 같다는 소문이 조용히 흘러 다녔다. 소위 '서울의 봄' 시절이 한창 무르익을 즈음으로 전국에서는 노동조합 설립이 불길처럼 일어나고 있었다.

5월 초하루 날 퇴근하려고 출근 카드가 있는 경비실을 통과하고 정문 앞으로 나서는데, 조립라인에 소속된 서너 명이 일일이 붙잡고 오늘 노동조합을 설립하려고 노동조합 지역지부에 간다면서 앞에 대기하고 있는 회사 통근버스를 타라고 권유한다. 공장 안에서 며칠간 오가던 소문이 오늘인가 보다 하면서 무심코 버스 계단을 밟고 올라가는 순간 몇 년 전 현대양행에서 있었던 노동조합 설립 거간꾼들이 장난치던 일들이 머리에 스쳐왔다. 아차 싶어 버스에서 내렸다. 노동조합은 비밀결사 하듯이 은밀하게 설립하는 것인데 회사 통근버스가 대기하면서 종업원을 동원한다는 것이 이상하다 못해 정말 괴이하다는 생각으로 이어졌다.

다음 날 오전에 공장에서 배포된 유인물에는 '금속노동조합연맹 인천지부 코리아스파이서분회'라는 조합 설립 사실과 임원 등 간부들의 명단도 공표되었다.

주로 조립라인에 소속된 생산직들이 포진하고 있었고 우리 기아반을 비롯한 가공라인에서는 상대적으로 적었다. 분회장이라고 올린 이름은 조금 생소했다. 조립라인에 입사한 지 얼마 되지 않은 사람이라고 한다. 사실 조립 공정은 콘베이어 시스템에서 정해진 순서를 단순 반복 동작으로 작업하기 때문에 어느 공정에서는 특별히 기능을 필요로 하지 않는 경우가 있다. 부평 신촌 출신으로 어깨 짓도 좀 했다는 소문도 돌았다. 부평 신촌은 일제강점기 시절에 조병창이었던 곳을 해방 이후 미군에 접수되어 줄곧 보급창 역할을 하던 에스컴 부대의 정문 건너편에 형성된 마을로 아주 오래전부터 경기가 흥청대던 지역으로 어깨들도 적지 않게 터 잡고 있었을 것이다.

노동조합은 단체교섭을 한다면 인천지부에서 파견된 간부가 참여해서 회사와 협상을 한다고 하더니 곧 파업을 3일간 하고 노동조합 사무실이 탈의실과 공장 사이 공간에 가건물을 짓고 간판을 걸었다. 몇 년이 지나고 나서야 메이데이(May Day)에 노동조합을 설립되었다는 것을 알게 되었다. 그때에는 3월 10일이 근로자의 날이라고 해서 휴일로 했다.

노동조합의 이상한 설립 과정

한국의 모든 사용자가 하나같이 자행하는 노동조합 파괴 공작은 애초부터 철저하게 싹을 잘라버리는 것이 기본인데 코리아스파이서에서는 오히려 조합 설립 행사에 참석하라고 통근버스까지 지원했다는 사실만 가지고도 도대체 상상도 할 수 없는 사건이 아닐 수 없다.

여기는 현대양행 시절의 노동조합 브로커보다 더 높은 차원의 술수가 추진되고 있음이 분명했다. 나는 더더욱 노동조합에 대한 불신이 확고해졌다.

노동조합의 설립에 대한 흑막은 몇 년이 훨씬 지난 후에 대우자동차 노동조합의 최고위 간부로부터 확인했다. 신진그룹 시절에 부평보급창 대위 출신이 조직 관리에 탁월하다고 해서 지엠케이에 입사해서 공장장까지 승진했다가 대우자동차 시절에 코리아스파이서 공장장으로 자리를 옮긴 이성근 씨가 있었다. 대우차 노조의 그 간부와 서로가 너무도 잘 아는 사이였던 이 공장장이 자신에게 "우리 회사에 노동조합을 만들어 달라"고 부탁을 해서 몇 달간 작업 끝에 성공시켰다고 자랑삼아 얘기한다.

"웬 세상에, 사용자 중에 핵심인 공장장이 왜 그랬을까?" 당연한 의문이다.

"공대 출신인 고기능 기술자들로 구성된 코리아스파이서 관리직이나 임원들 사이에서 군 장교 출신으로 살아날 수 있는 방법은 노동조합 관리를 잘하는 노무관리 전문가로 인정받는 것이 상책이라고 판단하고, 그래서 노조를 직접 만들어서 그 집행부를 자기 손바닥에 올려놓는 것인데 이 깊은 생각은 오너도 눈치채지 못한다."

공장장의 생존 방법은 참으로 선진적이었으며 그룹 회장도 이것은 몰랐을 것이라는 말이다.

이 공장장이 1982년 임금 교섭 노조 측 위원으로 임금 인상 동결에 적극적인 반대를 한다고 나를 자기 방으로 불러서 근엄하게 한 말씀 하셨다.

"내가 지금 장도를 차고 있는데 손잡이에 보석 하나 박아주면 재직 기간 동안 잊지 않겠다."

"내가 보석을 가질 리 없고 그런 능력도 없습니다."

이렇게 대답한 나는 며칠 후에 해고를 당했다.

인생을 치열하게 살다 보면 주변의 원망을 그만큼 받아 안아야 한다. 이 공장장과 관련해서 재미있는 이야기가 있다.

내가 해고 소송을 할 때 회사 요구를 받아 엉뚱한 진술서를 써서 증거라고 제출한 조립라인에 어떤 노동자를 전국체전 인천시 중학생 대표 권투선수 출신의 정의파가 공장 자재 창고에서 왼손 잽으로 코피를 터트려 응징을 해줬다. 당연히 생산부 이사에게 불려 가 조사를 받았는데 "상대방이 나를 자재 창고에 끌고 가서 주먹으로 내 얼굴을 폭행하려고 해서 왼손 잽으로 방어만 했는데 재수 없이 콧잔등에 부딪쳤나 보다"라고 해명을 했다. 이 친구는 원래는 대우자동차에 다니는데 노조 위원장에게 수시로 항의한다는 이유로 징계를 먹었을 적에 이 공장장의 주선으로 우리 회사로 이동한 철우라는 총각이었다. 이 친구가 너무 나대면 공장장은 소개자인 자기에게도 유리할 것이 없다고 생각했는지 해고시켰다. 철우는 몇 개월 전 임금 교섭 기간 중에 노동조합 위원장에게 교섭을 제대로 하라고 윽박지르고 조합의 출입문을 강하게 여닫았다고 3개월 정직을 당하고 복귀한 지 얼마 지나지 않아 코피 사건으로 내 뒤를 이어서 두 번째 해고자가 되었다. 그러니까 내 편을 들다가 해고가 된 셈이다.

철우 아버지가 나를 불러 다방에서 여러 얘기를 했는데, 그중에 공장장에 관련된 것은 뜻밖의 소재였다.

자기가 "예전에 부평 방첩대에 근무할 때 이 공장장이란 놈이 당시 보급부대 중대장이어서 많이 봐주는 은공을 베풀었는데 자기 아들을 해고시키는 배은을 저질렀다"며 분통을 터뜨렸다. 나보고 꼭 재판에 이겨서 아들을 대신해서 화풀이를 해달라는 절절한 부탁을 했다. 이 어른이 왕년에 부평이 에스컴 미군 부대, 공수부대 17사단, 육군 화학 부대, 보급단 등 남한에서 가장 핵심적인 군사도시였을 때 하늘의 별은 아니어도 장성의 별은 떨어뜨린다는 방첩대 상사 출신으로 그야말로 잘 나가는 유지라고 자부하며 살아왔는데 아들이 해고되어서 자존심이 상했다는 것이다. 그분의 또 다른 아들은 이후 인천시의원까지 했다.

철우 아버지는 나에게 화풀이를 부탁했다기보다는 격려와 응원이었다. 공장장은 내가 해고 소송 1심에서 승소하고 얼마 지나지 않아 회사를 그만두었다. 결국 공장장도 잘렸으니 전직 방첩대 간부의 부탁은 이뤄진 셈이다.

간첩으로 갈 뻔한 신랑

1980년 5월에 적지 않은 정치인들이나 사회 운동가들이 구속 또는 가택연금 되었다고 하던가, 그래서 서울에서는 학생들의 데모도 중단되었다고 하는데 광주에서는 아랑곳하지 않고 시민들이 대규모 데모를 하였다고 하던가. 가끔 부평 읍내에 나가서 술 한잔하려고 대폿집에 들리면 옆 좌석에서 소곤거리는 정도로만 들었던 소식들은 긴가민가 했다. 부평에는 전국 각지에서 공단이나 미군 부대 등에 일자리를 찾아 몰려온 사람들이 많았기 때문에 고향 사람에게 전해 받는 지방 소식이 잘 들어오는 조건이 있다.

그즈음에 새로 지은 우리집에서 반원들을 초청해서 집들이를 했다. 안방에 사람들은 두레반을 가운데 두고 둘러앉아서 내가 날라주는 음식을 밥상에 올려놓는 사이에 평소에는 필요 없는 얘기는 절대 하지 않던 반장이 조심스럽게 소식을 전한다.

"광주에서 사람들이 많이 죽었다네."

이 시기에 우리 반원 중에 결혼한 근수라는 친구가 있었는데 신혼여행을 자기 고향인 광주로 가려다가 길이 막혀 나주인가 그 주변에서 어정대다가 올라왔다는 정도에서 멎었고 그 이상의 광주 관련 이야기는 없었다.

근수는 신혼 방을 서운동의 까치말이라는 동네에 마련했는데 반장을 포함해서 대여섯 명이 퇴근길에 성냥, 초 그리고 두루마리 휴지들을 사 들고 찾아갔다.

단칸방에 새 벽지로 도배를 해 놓고 조그마한 장롱이 유일한 가구였고 부엌은 문짝도 없는 아주 왜소한 공간이었다. 방에 들어가서 대접받기는 너무 협소해서 돌아 나와서 첫눈에 띄었던 보신탕집에서 신나게 떠들다가 각자 집으로 돌아갔다. 여기서도 정확히 광주 얘기는 전혀 없었다.

다음 날 공장에서 이상한 일이 벌어졌다. 근수는 아예 출근도 하지 않았다.

내 작업 위치는 공정의 맨 앞 순서이므로 다음 작업의 순조로운 진행을 위해서는 오전에는 부지런히 작업을 해 놓아야 다음 공정들이 여유롭게 진행할 수 있으므로 평소와 같이 여념이 없었는데 가공 소재가 흘러가지 않고 있었다. 웬일인가 하고 살펴보다가 어제 보신탕에서 어울렸던 동료 중에 저 끝에 김모 군 한 사람만 있고 나머지는 모두 자리가 비어 있다는 것을 알게 되었다.

자기 공정에서 맡은 작업에 몰두하다 보면 조금 떨어진 공정에서 진행되는 과정을 모를 수 있지만 콘베이어 시스템에서는 흘러가던 가공물이 중도에서 멈추어있다면 문제가 발생된 상황을 알게 되는 경우이다. 이상한 생각이 들어 경비실에 가서 없어진 사람들이 외출했느냐고 물었더니 경찰서 정보과 형사가 한 사람씩 차례로 데려갔다고 한다.

오후 늦어서야 끌려갔던 사람들은 뺨따귀가 벌겋게 되어서 함께 돌아왔다.

경찰에서는 "근수가 평소에 북한 찬양을 하고 다니는데, 그간 이상한 점이 있느냐?" 그리고 "어제 술집에서 무슨 얘기를 했느냐?"를 반복해서 묻더란다.

근수가 북한 찬양을 했다니? 어디서…, 왜?

나중에 알고 보니, 보신탕을 먹던 그날 근무 중에 근수가 옆 작업자와 나눈 대화 중에 "서울 지하철보다 평양 지하철이 더 잘 만들었을 것이다"라는 얘기를 했다는 것이다. 이 말을 들은 수봉산 부근에 살던 인천 토박이가 우리들과 회동을 외면하고 귀가하는 시내버스에서 같이 가던 다른 동료에게 지나가는 말투로 "우리 기아반에 근수는 꼭 간첩 같은 소리를 한다"라고 했던 것이다. 그런데 동승 했던 승객 중에 부평경찰서 정보과 경찰이 엿듣고 이 토박이를 연행해서 밤샘 조사를 했다.

근수는 우리와 보신탕집에서의 회동이 끝나고 집에 들어가 잠을 자다가 형사들에게 밤중에 연행되고 가택 수색을 당했다. 새로 도배한 천장까지 칼로 찢어가면서까지 수색을 했다니 집에 혼자 남아 있던 새색시는 얼마나 기겁을 했을까? 그렇게 엄청난 사건이 일어나고 있는 동안 우리는 아무것도 모르고 있었다.

근수가 경찰에서 구금되었다가 검찰로 넘어가기 직전에 부평 출신 국회의원으로 법사위원장이던 김숙현의 신원보증으로 풀려났다. 근수는 학창 시절 축구선수였고 그 실력으로 부평 조기회 대표선수가 되었는데, 그 국회의원이 조기회의 적극적인 후원자였던 인연으로 근수를 너무 잘 알고 있었던 것이다.

다행스럽게 근수는 다시 회사로 돌아와 정상적인 근무를 할 수 있었다.

그래서 근수에게 물었다.

"서울 지하철보다 평양 지하철이 왜 좋다고 생각하냐?"

"삼팔선 밑으로 땅굴을 파는 기술이 보통이 아니라고들 떠드는 것을 믿었지."

초기에 서울 지하철 공사는 주로 노면 복공(路面覆工) 방법으로 시공해서 공사 구간의 교통이 매우 혼잡했지만 반면에 북한의 땅굴은 지하 깊숙이 굴착하기 때문에 지상에서는 공사 여부를 전혀 알지 못했다고 했으니….

"그건 일리 있는 얘기였네!"

그랬더니 옆에서 얼른 가로막는다.

"그 얘기는 더 이상 하지 말 것! 국회의원 정도의 끗발이 없으면 간첩으로 간다."

노동조합 활동으로 틀어지는 인생

1980년이 저물어 가는 초겨울이지만 날씨는 무척 추운 일요일 오전에 공장 고참 그룹의 연배가 있는 세 사람이 우리집을 찾아왔다. 코리아스파이서공업주식회사는 서울 등촌동에 있던 '현대기어'라는 종업원이 몇십 명 수준의 중소기업을, 신진그룹이 인수해서 미국 자본을 더해 합자회사를 만들어 부평에 있는 같은 그룹의 자동차 조립 공장인 지엠케이(GMK) 인근 삼산동에 야트막한 언덕을 구입해서 공장을 건설하였다.

현대기어에서 근무하던 기존 종업원은 회사 창립사원이라는 자부심에 나이도 중년으로 회사가 확대되면서 직장이나 반장 등의 기능직 관리자가 많이 된 고참 부류로서 자기들끼리 친목회를 운영하는 등 단결력도 좋았다.

내 경우처럼 기능직을 추가 확보하는 차원으로 입사한 부류가 있고, 공업고등학교를 졸업하자마자 병력 특례자로 입사한 싱싱한 젊은이들로 처지가 같은 또 한 부류로 있고, 조립라인에는 주로 부평이나 좀 더 범위를 넓혀서 인천 지역에서 취업한 종업원들이 주축을 이뤘는데 이들은 이런저런 연계가 얽혀 있어 그들 나름대로 단결력이 있었다.

초기 노동조합의 핵심들은 대개 부평 지역의 연고를 둔 종업원들이었다.

노동조합을 설립한 지 보름쯤 지났을 때 전두환은 군부를 동원해 5월 17일 비상계엄 확대 포고령을 발표하면서 정치활동을 전면 금지하고 김대중을 물론이고 박정희 처조카인 김종필도 구속하고 광주에서는 시민에게 총을 쏴대는 광란의 시절이 돌입되었으니 노동조합 조직인들 무사할 리가 없었다. 그러나 회사의 뒷배를 보장받으면서 출발한 코리아스파이서 노동조합은 별 탈이 없어 보였다.

전두환 정권은 노동조합법을 개정해서 산업별 노동조합 제도를 기업별 노동조합으로 변경시켰다. 그러면서 서울의 봄 시절에 신설된 노동조합은 선거를 다시 하라는 행정명령이 떨어졌다.

부평 신촌 출신이라고 하지만 충청도에서 온 이주민으로 입사 신참이 노동조합 분회장이라고 하더니 법이 개정되며 책상 위의 명패는 위원장으로 대체되었다. 산별노조 체재에서는 전국 단위 조직의 대표에게만 붙였던 호칭이다. 고참들은 들어내지는 않았지만 심사는 즐겁지는 않았다.

고참들이 느닷없이 우리집에까지 찾아와서 한잔하자면서 끌고 나가니 조금은 수상했지만 술 한배 돌아가는 짓이 그 이유는 확인되었다. 그중에 한 명이 이번 노조 재선거에 출마하려는데 도와달라는 부탁이다.

내 대답은 간단하다. "싫다."

김근태와 젊은 싱싱들(오른쪽부터 이교일, 박남수, 진금숙, 송순교, 김근태, 한석현)

그리고 내가 이전에 현대양행 다닐 때 경험했던 '노동조합 브로커' 사례를 덧붙이며 노동조합에 관련해서 알고 있거나 배운 적이 있었느냐고 물어보기도 했다.

그날은 그렇게 끝이 났는데 며칠 동안 매일 퇴근 시간이면 사람이 바뀌기는 했지만 끈질기게 막걸리 자리는 계속되었다. 그들이 거의 일사불란하게 주장하는 것을 보면 나름대로 집행부를 구성할 조직을 정한 것 같았다. 그중에 내 역할은 부위원장이란다. 시간이 지나면서 긴가민가하고 오락가락할 때 생각이 기울어지기 시작한 것은 공고 졸업생 중 입사 2, 3년 정도 된 싱싱한 젊은 친구들이 어떻게 알았는지 공장에서 마주치면 "한 번 엎어 봐요!" 툭 툭 던지는 말이었다.

지난여름에 이 싱싱이들이 모인 대폿집 회동에 어쩌다 끼어든 적이 있었다. 그때 처음 만난 살결이 너무 하얀 사람은 나보다 두어 살 적다고 하는데 점잖고 의젓한 태도는 연상 그 이상이라고 느꼈다. 그는 바로 내 옆자리에 앉아서 "부가가치를 이해하느냐?" 물어보는데, 무슨 뜻인지 모른다고 했다. 동석한 젊은 싱싱이들은 다 아는 것 같은 눈치이다. 이 자리에 내가 어울리게 된 것은 우연인 줄 알았더니 나중에 생각해 보니 아닌 것 같다.

첫눈에도 학출(학생운동권 출신)로 보이는 김근태를 만나면서 가끔 대폿집에서 들려준 세상사는 난해했다. 박정희 대통령이 동향에다 동문 후배였던 직속 부하에게 총 맞아 죽은 사연이나, 그 시작이 서울 변두리에 있던 'YH무역'이라는 공장의 여공들이었다 얘기였다. 유치원생이 연산군 역사를 듣는 것만큼이나 어려웠다. 그는 내가 해고되어 눈앞이 캄캄해졌을 때 안내 등을 켜주고 친구가 되어 주기도 했다.

고참들의 권유보다는 이 젊은 싱싱이들의 충동을 받아드리기로 했다.

"임금(王)에 이용당하는 것(御用)들과 브로커는 싹 쓸어버리고 당당하게 공장 다니자!"

정의로운 것 같은 이 논리에 노동조합 활동에 참여하기로 입장을 바꾸기로 했다. 다만 길게 할 일은 아닌 것 같으니 잠시만 반란 대오에 합류하기로 했다. 이 결정이 인생의 방향을 급격하게 틀어놓을 줄은 그때는 미처 몰랐다.

위원장 후보로는 나보다는 서너 살 많은 고참이었다. 언젠가 이 사람은 젊은 관리직 과장이 압박성 간섭을 한다며 쇠 공구로 가격하려다가 차마 못 하고 자기 머리를 찍어 병원 가서 꿰맨 적이 있었던 패기

하나는 믿음직하였다.

런닝메이트 후보로 등록하고 선거운동을 했다. 상대는 물론 현 집행부이다.

선거 결과는 넉넉한 승리였다.

사실 부위원장이라는 직분은 형식상 조합 내 2인자이기는 하지만 명색만 그렇고 구체적인 역할도 없고 별 실권이 없다. 그래도 책임은 막중하다는 생각과 곧 닥칠 임금 교섭의 노조 측 위원이 될 상황이므로, 학습이 필요했다. 전국금속노동조합연맹이나 노총 등에서 실시하는 교육을 부지런히 쫓아다녔다. 이때야 '부가가치'를 알 수 있었다.

월급만을 쳐다보고 밤낮없이 노동하는 조합원들에게 임금 인상은 가장 중요한 목표로서 교섭 위원의 활동 여하에 따라 결정된다는 사실이 무거운 압박으로 다가왔고 그것은 학습을 통해서 어느 정도 풀 수 있다고 생각했다.

그때 정말 다행인 것은 싱싱한 젊은 친구 중에 교일이가 집행부의 조사통계부장으로 임명되고 교섭 위원에 함께하게 된 것이다.

교일은 '동양워너 공장'에 근무할 때 잘 나가는 어느 주간지에 서너 쪽이나 되는 분량으로 직장 상사인 반장의 일상생활을 주제로 쓴 글이 게재될 정도로 글솜씨가 대단했다.

나이가 듬직한 자기네 반장이 주, 야 맞교대로 쉴 새 없이 노동을 해도 단칸방 셋방살이를 벗어날 수 없으며 커가는 자식들의 앞날이 막막해도 그냥 걱정으로만 버텨야 하는 현실을 적나라하게 적었다. 공장 이름은 밝히지 않았어도 내용을 읽어보면 '동양워너'에서 일어난 실화라는 사실을 알 수 있었던 사장이 그를 해고시키지 못한 것은

'정수직업훈련원' 출신이기도 하지만 글솜씨가 대단했기 때문이다. 박정희와 육영수의 이름에 하나씩 따와서 지어진 정수직훈 출신은 절대 해고시킬 수 없다. 그때는 그랬다.

교일이는 노동운동이 아니고, 아니 공장을 접고 작가로 나섰다면 유명하게 되었을 것이다.

지금도 코리아스파이서 노동조합 자료를 인터넷에서 검색해 보면 교일이가 육필로 작성한 보고서가 나타나기도 한다. 그는 우리 노동조합에서만 아니라 인천 지역으로 봐도 중요한 자원이자 보석이었다. 노동운동으로 청년 시절 모두를 던졌고 코리아스파이서 노동조합에서 나와 함께했던 8대 집행부의 사무국장을 끝으로 그는 일선에서 물러났고 결국 지친 마음으로 노동 현장을 떠나 고향인 부여로 내려가 자영업으로 장년을 멋지게 개척했다.

1980년 12월 27일에 코리아스파이서 노동조합 2대 집행부는 출범했지만 가톨릭노동청년회 학습을 한 교일이를 제외하면 간부들 모두 노동운동의 무학자들이었다. 81년도 임금 교섭은 가까스로 완성되었지만 문제는 조합 집행부 자체에서 일어났다. 조합비의 집행 불량이다. 조합 재정 집행은 위원장과 사무장의 재량으로 할 수 있다는 인식 수준이 문제였다.

나중에 알려진 사실이기는 했지만 너무나 황당한 것은 4대 정보기관원들이 분기마다 들려서 10만 원씩 받아 갔었다. 위원장과 사무국장의 업무추진비는 상한액이 없었다. 조직비라는 항목은 그냥 술값으로 집행되었다.

평생 가난하게 살아오다가 사전 학습도 없이 노동운동의 소명감도 확보하지 못했다면 조합원에게서 걷어드린 조합 재정은 눈먼 돈처럼 보일 수 있다. 조합비는 노동자들의 피와 땀이고 공금이라는 인식을 할 만한 최소한의 양심마저 없는 조합 대표라면 내 주머니에 들어온 용돈이라고 생각하게 된다.

이 함정에 빠진 노동 귀족을 박정희 정권은 어용으로 삼았고 전두환은 5.17쿠데타로 정권을 잡자마자 정화라는 죄목으로 삼청교육대 등으로 날려 보냈다고 하지만 확인된 내용은 별로 없었고 기업별 노동조합으로 노동운동을 작은 단위로 분해 축소 시켰다.

내가 한번 성실하게 참여하려고 했던 집행부의 상근자는 이 함정을 벗어나지 못했다. 조합비를 막 쓴다는 소문이 돌기 시작했고 내부 감사도 포기한 상태까지 이르렀다.

나는 위원장에게 같은 도둑놈으로 취급받기 싫다며 대들고 부위원장직을 사임해 버렸다.

일부 대의원들이 위원장과 사무국장의 조합비 횡령 혐의로 부평경찰서에 고발했다.

경찰서에서는 조합 회계장부를 압수하였지만 공인 회계사의 감정이 없으면 분석을 할 수 없고 그러면 조사도 불가능하다고 돌아앉는다. 경찰관이 아마 모르긴 해도 금전출납부 장부에 '정보과'라는 지출 내역이 부담스러웠을 것이다.

그렇게 81년도를 보내면서 나는 소속된 기아반의 대의원에 선출되고 다시 대의원회의에서 운영위원으로 선출되었다.

1982년 대의원대회에서는 조합비 횡령 등의 혐의로 위원장 불신임안이 상정되었다. 다만 심의 과정에서 목전에 닥쳐있는 임금 인상 단체

교섭을 감안할 때 위원장을 불신임하고 보궐 선거를 거치는 과정을 진행하기에는 어렵다는 현실 때문에 대의원대회를 휴회하고 가부 표결은 임금 교섭이 타결된 후에 속개해서 진행하자고 결정하였다.

그러면서 대의원들은 임금 교섭에서 위원장을 믿을 수 없다며 대의원 대표로 배정된 교섭 위원에 나를 선출하였다. 그때 대의원 중에는 사용자와 단체교섭을 해본 경험자는 유일하다는 이유였다.

대의원들이 믿어 주었으니 조합원들을 위해서 불안한 위원장을 바로 잡고 최선을 다하자는 단순한 생각에 다시 그 임무를 수용했다. 그러나 이 역할을 굳이 내가 맡았어야 했는지를 뒤에 수도 없이 되짚어 보았다.

또 실패한 참여

매년 봄에 있는 임금 인상은 노동자들이 그해를 파종하는 최대 행사이다.

노동조합 측 교섭 위원들은 위원장의 조합비 유용 문제는 접어두고 82년도 임금 인상 단체교섭을 위한 준비를 열심히 했다. 조사통계부장 교일은 역시 실력을 발휘해서 노총 등이 제시한 최저생계비와 기타 자료들을 치밀하게 인용하여 임금 인상 요구안을 만들어 대의원 회의에 의결을 거쳐 확정시켰다.

당시 전두환 정권은 경제가 어렵다며 임금 인상률을 한자리 퍼센트인 9.9 이하로 하라는 가이드라인을 정하고 있을 때 우리는 그런 분위기가 확대되기 전에 임금 협상을 할 수 있다면서 다행이라고 생각했다.

노동조합에서는 17% 인상을 요구하지만 교섭 위원들은 최소한 한 자리 숫자는 넘겨서 타결한다는 전략을 정하고 협상에 임했다. 물론 위원장도 이 결정에 동의했다. 그러면 자기의 불신임안이 철회될 수 있다고 판단했기 때문이다. 대의원들도 대다수는 인정하는 분위기였다.

3차 단체교섭 협상 회의가 끝나고 사측의 총무부장과 과장 그리고 노조 측에서는 나와 조사통계부장 등 이렇게 실무자들만 넓은 탁자에 둘러앉아 협상을 하는 과정에서 정말 의외의 서류 하나를 발견했다. 우연히 총무과장의 서류철 중에서 '임금 인상에 대한 회사 측 입장'이라는 제목의 문서가 눈에 띄었던 것이다. 서류를 몰래 빼내서 회의장 밖에서 노조 측 실무 교섭 위원들과 펴보니 회사가 노조와 2~3차 교섭을 더 진행한 다음의 최종 회의에서는 임금 인상을 12%에서 합의하겠다는 회의록이었다. 회사는 교섭 초기에 5% 인상 대안을 제시하다가 그때는 7%까지 수정 제시되어 있었다.

회사의 임금 인상 협상 전략을 확인한 교섭 위원들은 쾌재를 부르며 그날 위원장을 포함해서 인근 갈산동에 있는 술집에서 축배를 들었다 그리고 위원장과 약속을 했다. "불신임안은 불문에 부친다."

그러나 세상일은 그리 쉽게 흘러가지 않는다. 이삼일 지났는데 사장이 교체되었다는 소식이 전해졌다.

신진그룹은 자동차 관련 기업을 거의 다 빼앗아 김우중에 내주던 시절이 지나고 이제 남은 것은 코리아스피아서뿐이다. 신임 사장은 경제기획원 차관을 하고, 창원의 어느 방위산업체 사장을 했다고 한다. 그는 임금을 동결하러 온 사람처럼 아예 교섭 자리에는 나오지도 않고 현재 자동차산업이 불투명하고 회사 경영이 어렵다며 노조가 적극적인 희생을 해야 한다는 말만 전해왔다. 교섭은 갑자기 반전되고 진적이 없었다. 실무협상에서도 사측의 입장은 꼼짝하지 않았다.

달을 넘겨 4월 2일에 6차 교섭회의에 참여했다. 오늘도 지루하게 말싸움만 하다가 끝나겠지 하는 지레 처진 마음으로 회의장에 들어가 앉았다. 회사 측은 그들이 이미 제시했던 7% 인상률마저 안 된다면 5%로 하향 수정 제안한다. 그러더니 우리 노동조합 설립의 적극적인 주동자라 할 수 있는 이성근 부사장은 한발 더 나아가 뜬금없이 임금 동결로 조합이 양보하고 연말에 이익이 남으면 성과금으로 받는 방안도 생각해 보라고 운을 띄웠다. 시장의 장사꾼도 이런 식으로 하지 않는다고 따졌지만 임원들은 하나 같이 눈길도 주지 않고 귓등으로 넘긴다.

12% 인상으로 타결될 것이라고 믿었고 아무리 못해도 정부 가이드 선이야 되리라고 기대하던 노동조합 교섭 위원들은 황당하기 그지없었다.

잠시 정회를 하고 회의장 밖으로 나온 우리 교섭 위원들은 며칠 전 대의원들이 서면 결의한 정부 가이드 선을 지켜야 하며 최소한 회사가 제시했던 7%만이라도 고수하자고 다짐하면서 협상이 결렬되면 다음은 단체행동권 행사가 당연한 순서임을 확인하였다. 위원장만은 표정이 굳은 채 입을 꾹 닫고 있었지만 다들 특별하게 관심을 두지는 않았다.

회의가 속개되어 양측에서는 같은 말만 되풀이되고 있었는데 위원장이 갑자기 자기가 결정하겠다며 "금년도 임금 인상은 동결하고 연말에 성과금을 받는 것으로 합의하겠다"고 폭탄 같은 발언을 던졌다.

다들 깜짝 놀랐다. 우선 내가 위원장에게 지금의 발언은 노조 대의원회의 결의 사항에 위반되고 교섭 위원 간의 합의에도 어긋났으니 취소하라고 윽박지르며 대들었다. 위원장은 들은 척도 하지 않으며 오히려 합의서에 서명하겠다고 재촉을 한다. 한참이나 우리끼리 승강이를 하다가 나는 이 회의를 무산시켜야 한다는 생각이 들었다.

"노조 측 의결 사항이 아닌 위원장의 단독 의견이 제시되는 오늘 회의는 무효이므로 퇴장합니다."

소리치며 벌떡 일어나 문밖으로 나왔다. 그러면서 나는 노조 측 교섭 위원 중에 두서너 명은 따라 나올 것이고 그러면 회의는 무산될 것이라고 생각했는데 착각이었다. 아무도 따라 나오지 않았다. 단체교섭은 나만 빠진 상태에서 82년도 임금 인상은 동결로 합의되는 형식으로 마쳤다. 그날은 4월의 첫째 금요일이었다.

노동조합에서 나의 활동 역량은 역시 한계가 있음을 자각하면서 그동안 잔업도 하지 못해 월급봉투가 얇아졌는데 매월 잔업 60시간은 달성해야겠다며 허전하고 무기력한 마음을 추슬렀다.

4월 4일 일요일 다음 5일은 식목일로 연휴여서 화요일인 6일 출근하니 「경향신문」에 "임금 인상 자진 반납-노사 협조 표본"이라는 제호의 기사가 게재되었다고 회사에서는 난리도 아니었다. 다음 날은 「한국일보」와 「중앙일보」에서도 같은 내용이 게재되었다.

7일에는 대형 카메라를 메고 와서 공장 내 어느 기계에서 플래시를 켜고 웅성거리며 촬영하는데 무슨 일인가 했더니 노동조합 상근자인 위원장이 그 기계에서 작업을 하는 것처럼 연출하고 인터뷰를 하는 모습이었다. 그러더니 그날 KBS의 저녁 뉴스에 "회사를 살리려고 임금 인상 자진 반납한 노사 협조의 표본"이라고 몇 번이나 반복해서 방영되었다. 회사 경영진들은 희색이 만면했겠지만 조합원들은 술렁거렸다. 교섭 결과도 불만인데 언론 보도는 완벽한 거짓말이었으니 분통이 터졌다. 그냥 속으로만 삭이고 있었다.

회사는 나름대로 앞으로 예상되는 사태에 대한 대안들을 마련하고 있었다. 회사 뜻대로 임금동결은 시켰지만, 그래서 조합에서는 당연히 위원장이 불신임되고 이어지는 다음 노조 집행부는 강경할 것이고, 그러면서 단체교섭을 다시 하자면 마땅한 방법이 없다.

회사가 먼저 싹을 치고 나와야 했다. 회사에 대들면 손해 본다라는 회사의 강경함을 보여줘야 했을 것이다. 내가 표적이 될 것이라고 생각은 들었지만 기껏해야 정직 몇 개월 먹을 것이고 그쯤이야 당해 줘야 될 것 같았다.

식목일 연휴가 끝난 회사는 4월 6일에 입장을 정하고 그다음 날 생산부 이사가 우리 작업라인의 직장과 반장을 거쳐 시말서를 제출하라고 지시했다. 한 달 전쯤에 측정기구를 가지려 반장 책상에 가서 공정 검사원을 만나러 갔다 온 것을 작업장 이탈한 잘못이 있다는 것이다. 그래도 설마 했더니 칼날이 다가오고 있다는 생각이 순간적으로 떠오르면서 "내 생전에 시말서라고는 본 적도 없어서 쓸 줄을 모른다"고 거부했다.

다음 날인 7일에는 정 이사가 자기 사무실로 나를 직접 부르더니 엄숙한 표정으로 시말서를 쓰라고 한다. "임금동결 거부했다고 자르려고 하느냐?"고 단도직입적으로 반문을 했더니 정색을 하면서 "그렇게까지야 하겠느냐"면서 어물쩍거린다. 여기서 버티면 정당한 지시를 거부했다고 꼬투리가 추가될 수 있다는 생각이 들었다. '시말서'라는 제목을 쓰고 "가공 제품의 치수를 확인하려고 측정기구를 빌리려 10여 미터 거리를 다녀오느라고 자리를 비웠다"라고 간단하게 적었더니 정 이사는 잘못했다는 취지가 없다며 다시 쓰라고 한다. "시말서는 반성문이 아니라 사건의 처음과 끝을 적는 글이다"라고 사전적 답변으로 대신했다.

이 시말서는 이후 해고무효 소송에서 회사 측이 증거로 법원에 제출하게 된다.

그다음 날인 금요일에는 내 자리에서 열심히 일하고 있었지만 호출이 올까 봐 조바심에 긴장했지만 그냥 넘어갔다. 아마 하루 종일 인사를 전담하는 총무부에서 징계 시나리오를 작성했을 것이다. 그렇게 한 주를 넘기고 다음 월요일도 아무런 통지가 없었다. 나중에 알고 보니 지난 금요일에는 수석부사장이 외근 중이었고 이번 월요일은 정이사가 결근한 탓에 내 인생에 가장 운명적인 날 1982년 4월 13일에야 징계위원회가 열리고 나는 해고가 되었다. 물론 해고 사유는 임금동결 반대가 아니라 근무 이탈이다.

그런데 나를 해고시킨 징계위원회 위원장은 회사의 부사장이기는 하지만 그보다도 더 중요한 인물이었던 것이 박정희 대통령 외손 사위이다.

박정희의 전처 김호남 사이에 태어난 딸 박재옥의 사위가 코리아스파이서 부사장이던 김준식이고 그는 신진그룹의 김창원의 넷째 아들이다. 박재옥의 남편은 한병기로 설악산케이블카 사주로 재벌급이다. 김창원, 김준식 부자는 재산 싸움을 하면서 서로 맞고소하는 바람에 둘 다 구치소에 들어가 있을 때 한병기가 남미 어느 나라 대사로 있던 시절이었는데 급거 귀국해서 수감 중인 피의자들을 옥중 면회를 시켰다는 한국 역사상 최초인 유명한 사건이 내가 해고된 기간 중에 일어났다.

V. 해고와 법정투쟁

해고는 노동자를 사회적으로 유기시키는 야만적이고 난폭한 처사인데, 입사 이래 7년간 결근 한번 하지 않고 표창장까지 받은 모범사원인 박남수를 설마하니 자르기야 하겠냐며 스스로를 추스르며 평소와 다름없이 내 기계 앞에서 심호흡을 한다. 기계 전원을 올리고 윤활유를 보충하고 작동 스위치를 눌러서 회전 시험을 하고 작업 시작 시간을 기다리고 있을 때 생산과장이 찾아와서 곧 인사위원회에서 출석 지시가 올 테니 대기하라는 알려준다. 얼마를 기다렸을까. 주변에 동료들도 모른 척하면서 눈을 마주치기도 어려워한다. 기계 옆 빈 박스에 걸터앉아 공장 저쪽을 초점 없이 바라보고만 있었다.

총무과 직원이 데리러 와서 따라 길 건너 본사 건물의 2층의 대회의실에 들어섰다.

안쪽 긴 탁자에 임원 5명이 앉아 있고 그 중앙에 있는 김준식 부사장이 인사위원장인가 보다.

내가 이 회사에 입사하면서 면접시험을 볼 때도 여러 명 앞에 덩그러니 하나밖에 없는 의자에 앉아 질의, 응답을 했던 것 같다. 그때는 세파를 헤쳐 나간다는 기분이었다면 오늘은 눈길도 건너지 않고 죄인 심문하듯이 질문은 던지고 마지못해 답변하는 형식적인 절차에 지나지 않았다. 나는 정말 절해고도에 혼자만 던져졌다는 생각이 들었다.

10분도 채 되기 전에 끝났다.

노동조합 사무실을 찾아갔으나 아무도 없었다. 무엇이 어떻게 돌아가고 있는지 머리가 그냥 멍하다는 느낌이어서 빈 의자에 잠시 앉아 있었는데 어떻게 알았는지 수위가 찾아와서 정문에서 대기하라는 지시가 왔다며 나가자고 한다.

얼마 지나지 않아 총무과 직원이 노란 편지봉투를 건네줘서 무엇이냐고 물었더니 안에 통지문이 있으니 보면 알 수 있다고 한다.

꺼내 보니 32절지(A5 복사지)에 통지문이라는 제목의 타이핑된 양식에 손글씨로 '박남수'와 '해고'라고 적혀있었다.

그래도 동료들과 작별 인사라도 해야 될 것 같아서 공장으로 들어가려는데 수위가 길을 막아서며 출입 금지라고 한다. 이쯤에서 경비원들과 다툴 필요는 없다고 생각이 들어서 우리 반장에게 "그냥 가지는 못할 것 같다는 말이나 전해달라"는 부탁을 하고 무심한 채 집으로 돌아왔다. 회사 곁에서 살고 싶다고 몇 년 전 지은 집은 걸어서 10분도 채 걸리지 않는 거리에 있다. 그리고 두문불출했다. 앞으로 무엇을 할지 생각도 나지 않고 하지도 못했다. 누구도 만날 수 없었고 아무 말도 하지 않았다. 다만 아내에게만은 딱 한 마디 했다. "나, 해고 됐어." 며칠간은 멍하니 아무 대꾸도 없던 아내가 위로인지 조언인지는 모르겠지만 "이제 공장 생활은 그만하고 당신이 자신만만하게 할 수 있는 건축업을 해 보자" 이렇게 건네준 말이 다였다.

노동자의 해고는 가족 전체의 해고

1982년에 딸이 초등학교를 입학해서 두 달도 채 되기 전일 때인데, 그저 신이 나서 등교하던 자기보다 언제나 먼저 출근하던 아버지가 며칠간 방구석에만 처박혀 있는 것이 궁금했을 것이다. 공장을 다니는 노동자들에게는 어린 자녀들과 출퇴근 시간과 등교 시간의 차이가 있어 특근이 없는 일요일이 아니면 밥상을 같이할 수 없다. 아침 밥상에 같이 앉아 있는 아빠가 이상하다고 한 마디 던진다.

"요즘 왜 회사에 안 가?"

걱정이라기보다는 조금은 이상하다고 생각이 들어서 물어보는 것인데 나는 당황스러워 아무 말도 못 하고 머뭇거렸다. 그때 같이 밥을 먹던 아들이 나선다.

"아빠 해고 됐어."

순간 나는 망치로 뒤통수 맞은 것처럼 머리가 띵해졌다. 이제 3학년짜리가 해고라는 말뜻도 제대로 모를 텐데…. 해고됐다는 얘기는 애 엄마한테만 했는데 어떻게 알았을까?

공장 근처인 우리 동네에는 적지 않은 사람들이 코리아스파이서에 다니고 있어 박남수가 해고되었다는 소문은 순간적으로 퍼져 나갔고 아들이 지나가는 등 뒤에서 수군거리는 소리를 들었고, 그것이 나쁜 의미라고 눈치는 채고 있었다. 속에만 두고 있던 얘기를 동생이 궁금해하니 들은 대로 나온 말이다.

심한 두통으로 이불을 뒤집어쓰고 누웠지만 여태까지와는 달리 머릿속에서는 수많은 실타래가 서로 엉켜서 풀리지 않듯이 혼란이 밀려온다. 또 공장에서는 임금동결 불만을 억제하기 위해 몇 사람을 추가로 제거하리라는 소식이 들려오니 더욱 어지러워진다. 몇 밤을 새우며 무엇을 어떻게 해야 할지를 찾아보아도 정말이지 어떤 방법도 떠오르지 않는다.

그러다 밟히면 꿈틀거린다는 지렁이 수준에서는 벗어나야지 하면서 일어나 앉았다.

이래서는 안 된다. 아들이 평생을 두고 기억하고 있을 불량한 아버지 색깔을 바로 잡아야 할 것 같았다.

생각을 같이했던 동료들의 추가 불이익이라도 막아줘야 하는데, 겨우 생각해 낸 것이 공장 문 앞에서 자리 깔고 앉아 팻말 하나 들고 항의하는 것이다. 그런데 그런 정도로는 회사가 꼼짝하지 않고 오히려 조롱할 것이고 그러면 가슴 바닥에 조금이라도 남아 있을지도 모를 자존심마저 뭉개져 버리면 스스로 비참해진다. 더 나아가 이어질 해고 사태는 막아내지 못할 것이라는 생각에 미치면 몸뚱이는 무너지듯 방바닥으로 쓰러진다.

노동조합 활동으로 사용자(회사)로부터 해고를 당했다면 '부당노동행위 구제신청'을 노동위원회에 할 수는 있지만 복직된 사례는 거의 없다고 이전에 전국금속노동조합 간부 교육에서 들은 적이 있어 그 방법도 신통할 것 같지 않다.

일어나야지!

어떻든 일어나야 한다. 여러 동료들이 마구 잘리는 것은 무슨 수를 써서라도 막아야 한다.

이때 확 떠오르는 사람이 있었다. 김근태를 만나서 의논해 보자. 갈산동에서 동인천역으로 가는 45번 버스를 타고 화수동 일꾼교회를 찾아갔다 평일 낮인데 젊은 여신도들이 많이 모여 있어서 좀 색다르다고 느껴졌다. 김근태는 나를 보자마자 나가자며 홍예문 부근에 있는 오동나무집으로 데리고 갔다. 가는 길에 궁금해서 물어봤다.

"일꾼교회는 여신도들이 굉장히 열심인 것 같아 좀 색다르던데?"

"아! 그분들은 동일방직 여성 노동자들입니다."

그 이상은 더 물어보지 않았는데, 한참 지난 나중에야 집단 해고자들이라는 사실을 알게 되었다.

오동나무집은 일반 주거용 구옥을 이용한 대폿집으로 영업 방식이 특별했는데, 옛날 시골집 부엌과 똑같은 공간으로 들어가서 주문도 없이 돈을 내밀면 작은 양은 소반에 막걸리 한 주전자와 큼직한 삼치 한 마리, 김치 한 접시에 젓가락을 올려놓고 그 자리에서 손님에게 건네주면 받아 들고 그냥 일반 주택의 그대로인 안방이든 마루든, 자리가 없으면 재래식 화장실로 가는 뒤란 골목에도 비집고 앉아서 먹고 마셔야 하는데도 대학생들이 우글대는 신기한 분위기였다. 나는 두통이 사라진 것 같아 목마른 유기견처럼 몇 잔의 술을 연거푸 마셨다.

다음 날 서울 안국동의 어느 빌딩에 찾아갔다. 김앤장법률합동사무소에 조영래 변호사를 만나 김근태의 소개로 찾아왔다고 인사를 했다.

조 변호사는 "연수원을 졸업하고 곧바로 취직했는데, 여기는 노동문제는 취급하지 않아 지원을 할 수 없다. 다만 본인이 조만간 독립해서 사무실을 열 계획인데 그러면 편하게 지원할 수 있다"며 김상철 변호사를 만나보라고 소개해 준다.

덕수궁 정문 옆의 광학빌딩에는 경기합동법률사무소라는 간판이 있었고 8층에서 김상철 변호사를 만났다. 조영래 변호사의 소개라고 했더니 반색을 하며 이런저런 몇 가지 물어보더니 옆 방에 있는 한 분을 불러서 함께 둘러앉아 적지 않은 시간 동안 상담을 했다. 김상철 변호사가 "김 실장이 챙겨 봐야겠다"며 지원을 결정한다.

김정환 실장은 서울법대를 다니다가 그만두고 시내버스회사의 자동차 정비공으로 노동자 생활을 하다가 여기서는 노동 사건의 실무를 전담하고 있었다.

김정환 실장과 상담은 장시간 계속되었다. 우선 회사에서 시도하는 또 다른 부당 해고를 막아야 하는 방법을 찾아야 했다. 김 실장도 공장 정문 앞에서 돗자리 깔고 농성하는 소위 출근 투쟁은 효과가 약하다는 내 생각을 동의하면서 변호사 사무실에서 조언하거나 지원할 수 있는 방법은 법률로 싸우는 것이라고 한다.

그런데 문제는 법률 대리인, 즉 변호사에게 맡겨야 하는데 비용이 많이 든다는 것이다. 그리고 또 중요한 점은 변호사를 선임해도 이긴다는 보장이 없다는 것이다.

나는 조심스럽게 질문을 했다.

"그런데 비용은 얼마나 드나요?"

"돈 걱정은 나중에 하기로 합시다."

다만 김상철 변호사 사무실에서의 노동 상담은 무료이고 지금부터 하는 소송 준비는 내가 가르쳐 주는 대로 당사자가 하는 방식이니 다른 생각하지 말고 공부하는 셈 치고 시작은 해봅시다."

노동 재판 학습

우선 동료들의 추가 해고를 막아야 하는 것이 급하다. 재판에 진다고 해도 당장 회사를 주춤거리게 할 수 있는 유일한 방법은 이 '법정

투쟁'을 전개해서 회사가 그 치다꺼리를 하도록 정신없게 하는 것이 현재로서는 유일하지 않겠냐고 설명한다. 그러면서 섣불리 결정하지 말고 충분히 생각을 해보자며 마음이 정해지면 다시 오라고 한다.

또 며칠 오락가락하다가 회사에게 시간을 벌어주면 일이 그르칠 수도 있겠다 싶었다.

전혀 알 수 없는 암흑의 세계로 들어가는 두려움은 있지만 지금은 엎어져도 앞으로 나가야 한다.

법정 싸움에 동의를 했더니 김정환 실장은 "좋습니다. '해고 통지서'는 물론 관련 자료들을 준비하고 매일 아침에 이 사무실로 출근하듯이 와서 소송 준비와 학습을 하면서 우선 이달 안에 일을 벌여 봅시다."

다음 날부터 회사의 취업규칙과 노동조합의 정관, 단체협약 등을 펼쳐놓고 문장 하나 하나, 자구와 토씨까지 눈 여겨 보면서 정리해 갔다. 그리고 '부당노동행위 구제신청'과 '해고무효 확인 소송'을 병행하기로 했다. 노동자는 둘 중에 하나만 이겨도 되지만 회사는 둘 다 이겨야 하는 부담이 있다. 전자는 진행 속도가 빠르고 회사도 변호사를 쓰지 않으니 부담 없고 민사 소송은 더디기는 하지만 긴 시간 회사를 쪼이는 효과가 있다는 특징이 있다고 했다. 김 실장은 책장과 캐비넷에서 활자가 빡빡한 책이나 자료들을 내주면서 읽어보라고 하고 본인의 사건과 대비해보라고 한다.

'부당노동행위구제신청'사건 사례를 보여 주면서 여기에서 '청구취지'는 부당한 징계를 취소하고 원상 회복하라고 노동위원회가 명령을 해달라는 요구 내용이고 '신청 이유'는 회사 측의 부당한 행위들을 밝혀서 불법을 확인시키는 내용으로 적는다며 서식과 문맥을 참고해서 문서를 작성해보라고 한다. 난감한 나에게 어렵게 생각하지 말고 무작정 써 보라는 것이다.

문서는 작성과 수정의 과정을 몇 번이나 거치고 교정도 수도 없이 거쳤다. 그 시절에는 손글씨로 초고를 써서 타이피스트 직원이 다시 공병우타자기로 작업을 하던 때이다. 그래서 손글씨 원고는 수정이나 첨삭이 복잡하게 덧씌워져 전문 글쟁이가 아니면 원고지가 무척 지저분해 진다.

유치원생이 고등학교 미적분 배우듯이 학습과 실습을 거쳐 작성된 '부당노동행위구제신청서'를 인천지방노동위원회에 접수했다.

그 효과는 공장에서 곧바로 나타났다. 노동조합에서는 우선 대의원들이 박남수 대의원의 해고를 철회하라는 공개 서명이 과반수를 넘었다. 임금 교섭에 함께 참여했던 교섭 위원 중에는 단체교섭 상황을 자세히 적어줘서 노동위원회의 심사에 증거로 접수했다. 위원장의 조합비 유용 사건이 고소에 들어갔고, 특히 4대 사정기관에서 노동조합으로부터 정기적으로 현금을 상납받은 의혹에 관하여 노동부장관, 경찰청장, 안기부장 등 해당 기관장에게 진정서 및 질의서를 보내고 신문사에도 관련 자료들을 보냈다. 물론 답장이나 기사는 실리지 않았지만 신경 쓰게 만드는 효과는 충분했다. 누르면 밟힐 줄 알았던 노동자가 대들고 있고, 젊은 조합원들의 더 적극적인 반란이 의외로 확대되어 가자 회사도 당황하고 주춤거렸다. 그러더니 전술을 바꿔 탄압을 이어간다는 사실이 얼마 지나지 않아 나타났다.

부당노동행위구제신청서를 접수하자마자 이어서 "회사는 박남수를 복직시켜라"는 재판을 걸기 위해 '해고무효 확인 소송' 문서 작업도 시작했다. 노동위원회에 비해 민사 소송의 서류는 더 복잡하고 어려웠다.

김정환 실장의 개인 교습 덕분에 소송 문서를 수원지방법원 인천지원에 접수까지는 성공적으로 마쳤다. 증거로 취업규칙, 임금 인상 단체 교섭 회의록 등 8개 종류의 문서도 첨부하였고 이후 재판 과정에서 정말로 많은 증거들을 내놓았다.

그렇지만 역시 큰 문제는 변호사 선임 비용을 노동자가 손쉽게 감당하기에는 쉽지 않다는 점이다. 김정환 실장에게 변호사 비용을 재판을 이기고 나서 임금을 받으면 그때 가서 지불하는 방법으로 할 수 있느냐고 물었다. 저축하거나 장롱에 넣어 둔 돈이 한 푼도 없으니 그 방법밖에는 다른 묘안은 마땅하지 않았다.

그리고 덧붙여 물었다.

"노동자가 해고무효 소송에서 이긴 사례는 있느냐?"

김정환 실장은 별로 없다면서 더 어려운 얘기는 이제까지 노동 사건에서 당사자가 직접 소송을 한 적도 없지만 지금으로서는 그 방법밖에 없을 것 같다고 한다. '법'의 'ㅂ'자도 모르는 노동자에게 법정에 서서 근엄한 판사를 올려다보고 재판을 하라니 이것은 한마디로 그냥 지는 것으로 하자는 얘기나 다를 바 없다. 사실 나는 법원이 어디 있는지, 생전에 가본 적도 없다. 다만 영화나 드라마에서 재판하는 장면은 보았을까? 김 실장도 맞는 말이라고 하면서 그러나 적지 않은 비용을 써가면서 변호사 선임을 해도 재판에 이긴다는 보장도 없고 필수 조건도 아니라고 재차 설명한다. 그때 어떤 사람이 변호사 사무실로 들어와서 큰소리로 항의를 하는데, "변호사를 썼는데 왜 재판이 패소됐느냐"고 따지는 것이다. 김 실장은 조용하게 다시 한번 나에게 설명했다. "변호사를 선임해도 모두 이기는 것이 아니라는 것을 이 광경에서 확인할 수 있지 않느냐? 걱정은 나중에 하고 직접 소송을 해도 반드시 지지 않는다." 덧붙여서 노동자가 본인이 직접 법정투쟁을 전개하는 것은 승패보다 더 큰 의미로 노동운동을 한 걸음 전진시키는 것이라고 설명했다.

아무리 그렇다고 해도 쉽게 판단할 수가 없었다. 고민해 보겠다며 집에 돌아왔다. 가족들과 오랜만에 저녁 밥상에 둘러앉았다. 대화는 거의 없었다. 다만 요즘 바쁘게 돌아가는 아빠의 거동에 무언가 궁금해 하는 눈빛들이었다. 밥맛은 없는데 숟가락을 놓을 수가 없었다. 그러다가는 식구들 모두 눈물이 글썽거릴 것 같았다.

이때 걸려 온 전화에서는 공장에서 위원장 불신임 조합원 총회 요구서의 서명운동이 공공연하게 전개되고 있다고 한다.

이쯤 되면 '법정투쟁' 외에는 달리 길이 없다는데 어찌하겠나. 내 이름처럼 "남자(男)가 물가(洙)에 서면 배수진이라"고 빠져 죽기 싫으면 반대 방향으로 내달려야 한다. 자식들 앞에서 당당해야 한다.

다음 날 김정환 실장을 찾아가서 '법정투쟁'으로 정했다고 말했지만 나에게는 인생에서 가장 황당하고 엄청난 선언을 한 셈이다. 솔직한 심정은 캄캄한 밤중에 첩첩산중으로 들어가는 기분이다. 회사 경영진을 쪼이겠다는 생각인데 오히려 내가 조여드는 기분이다.

김정환 실장의 학습은 쉴 틈이 없었다. 민사 재판의 진행 과정을 차근차근 설명하고 이해를 쉽게 하려면 현장 견학도 필수라고 한다. 담당 재판부는 매주 수요일 인천지원 218호 법정에서 열리고 있으니 그날은 서울에 오지 말고 그 법정에서 하루 종일 방청을 하라는 숙제를 받았다. 파출소 앞을 지나가는 것도 마음이 불편하다고 살아온 공돌이가 거기보다 더 엄숙한 법원을 들어가 봐야 하는 일에 처음에는 주춤거렸다. 그렇지만 이렇게 하는 것이 험한 세파에 떠밀려 온 애벌레이지만 탈바꿈을 반드시 해야 하는 과정이라고 스스로 격려하면서 인천 석바위 언덕 위에 있는 법원 정문에서 경비의 검문을 받고 언덕 같은 오르막길을 올라갔다. 지정된 법정을 두리번거리며 찾아다니다 보니 형사법정으로 포승줄에 타래처럼 엮인 죄수들이 들어가서 재판받는 모습도 방청으로 구경할 수 있었다.

가슴이 답답해서 법정을 나와 숨을 몰아쉬는데 건물 벽을 뒤에 두고 자리 잡고 구두 닦는 사람을 여럿이 둘러싸고 무엇인가 대화를 나누고 있는 광경이 색달라 보였다. 저기서는 무슨 얘기들이 오가 갈까 하는 호기심에 나도 슬쩍 틈새에 끼어서 들어봤더니 정말 재미있는 분위기였다. 죄를 지어서 지금 재판을 받는 피의자들의 가족이나 지인으로 추정되는 사람들이 하는 질문에 부지런히 구두를 닦으면서도 입으로는 거침없이 답변이 나오고 있었다.

"친구네 집에서 돌 반지를 주워 왔다고 지금 재판받는데 얼마나 살아야 돼요?" "술 먹다가 바가지 씌우는 주인아줌마를 줘팼다고 잡혀서 들어왔는데…" "자전거 타고 횡단보도 건너다가 어린애를 치어서 좀 많이 다쳤는데 돈이 없어 합의를 못 봤어요" 등 궁금한 사연들에 대한 구두닦이의 답변은 방금 법정에서 봤던 판사나 검사보다 알아듣기 쉽고 간단명료했다. "돌려줬으면 집행유예요." "그것은 사건이 복잡해요. 변호사 안 사면 힘들어요." "한 육 개월 살면 돼요." "그 변호사는 별로이니 전관으로 바꿔요."

호송버스가 다시 도착하고 모여 있던 사람들이 우르르 몰려가면서 주변이 뜸해진 틈에 나도 조심스럽게 물어봤다. "아저씨는 판사 하다가 이 일을 하시나요?" 답변은 역시 쉽고 명쾌했다. "서당개 3년을 몇 번이나 했지요."

내가 재판을 받아야 할 법정에서 유심히 보게 된 장면은 '증인 신문' 과정이다. 영화나 드라마에서 법정 장면은 변호사가 법대 앞을 왔다 갔다 하면서 판사와 방청객들을 설득과 감동시키는 달변을 쏟아내던데 실제로 보니 그렇지 않았다. 다만 변호사가 상대편 증인에게 반대신문을 하다가 답변이 엉뚱하거나 다른 내용으로 얼버무리려 하면 "딴소리하지 말고 묻는 말에만 답변하세요!" 억압적인 말투로 단속을 하는 것이 매우 인상적이다.

나 홀로 소송

회사로부터 해고무효 소송에 대한 답변서가 집으로 우편배달되었다. 물론 변호사가 선임되어 있었는데 검사 출신이라고 한다. 첫 재판은 소장을 접수한 지 2개월이 채 되기도 전인 그해 6월 9일 오전 10시 정각으로 잡혔다. 지각하면 안 될 것 같아서 일찌감치 입장해서 방청석에 앉아 1시간이나 지났는데도 호출도 없어 출입문 옆에 붙어있는 재판할 목록표를 다시 확인해 보기도 했다. 변호사들은 들어오자마자 재판이 열리고 그리고는 휑하니 나가버리는데 회사 변호사가 누구인지도 모르는 판에 한없이 기다리기만 했다. 재판도 결국은 변호사 우선으로 진행되고 있다는 것을 알 수 있었다. 12시가 다 되어서 깔끔한

옷차림에 가죽가방을 들고 들어온 변호사가 자리에 앉자마자 드디어 원고 박남수를 부르는 것이다. 미리 학습 받은 대로 법대의 왼쪽 책상 앞으로 나가서 남들이 하는 것처럼 머리를 숙여 판사들에게 인사를 드렸다. 드디어 '법정투쟁'이 시작되었다.

회사는 걸쩍거리는 노동자 하나 제거하고 그 후 몇 명 추가로 더 해고하면 모든 종업원은 찍소리 못하고 그냥 가는 줄 알았는데 소송까지 나서야 하고 공장 분위기도 반발이 심상치 않고, 그러니 더욱 반드시 이겨야 한다고 작정하고 첫 재판에서 증거물로 26개 문서를 내놓았다. 이 증거 문서 중에는 부평경찰서에서 생산한 'JOC 관계 종업원 명단'도 있었다. JOC는 '가톨릭노동청년회'의 약자로 로마 교황청의 공식 기관으로 한국에서는 1950년대부터 활동한 단체인데, 노동조합이 민주화로 탈바꿈을 시작하던 박정희 말기 무렵부터 견제를 하더니 전두환 정권이 들어서면서는 노골적으로 공공의 적으로 치부하던 터이다. 그 명단에는 천주교 신자도 아닌 내가 가톨릭 계열로 분류되어 기재되어 있었다. 물론 젊은 싱싱이들이 포함되어 있었고, 이 문서는 회사에서 시도하려는 살생부라고 보기에 충분하지만 경찰서가 작성한 문서라고 회사가 밝혔다. 공권력이 이렇게 해도 되는 것인가라는 생각이 들면서 세상이 참 이상해 보였다.

법정에서 판사의 말 한마디 한마디가 무척 신경이 쓰이고 무슨 뜻인지 질문하면 "잘 모르면 변호사를 선임하라"는 답변이 돌아온다. 회사 측 변호사의 발언도 이해할 수 없는 단어로 쏟아내면 질문도 할 수 없다. 회사 측이 내놓는 문서는 나중에 김정환 실장에게 설명을 들으면 되지만 법정에서는 누구에게 물어볼 수 없으니 답답하다. 거기다가 방청석에 앉은 회사 총무과장은 수시로 자기 변호사와 수군거리며 의논하는 것을 보면 적군에 포위된 졸병처럼 어깨는 처진다.

회사는 2차 재판에서 총무이사를 불러서 증인 신문을 하겠다고 신청을 한다.

재판이 끝나고 법정 문을 같이 나온 회사 측 변호사에게 "앞으로 자주 뵙겠습니다" 공손하게 인사를 했더니 의외라는 듯이 주춤거리더니 명함을 건네주며 "앞으로 너무 일찍 와서 기다리지 말고 미리 전화를 하면 시간을 알려주겠다"고 한다. 아! 민사소송에서는 변호사들이 서로 시간을 조정한다는 것을 오늘 또 배우고 간다.

두 번째 재판에서 하기로 했던 회사의 총무이사의 증인 신문은 다음 기일로 연기한다는 간단한 말 한마디로 끝났다.

증인 반대신문은 어떻게 해야 하는지 불안한 차에 다음으로 미루니 학습을 더 할 수 있어 다행이다 싶기도 하다. 그러면 나도 증인을 법정에 세워야 하는데 나서 줄 동료들이 있겠나? 특히 회사가 증거라고 내놓은 문서는 블랙리스트이니 여기에 들어있는 사람은 제외해야 해야 할 것 같았다. 회사 주변을 돌면서 은밀히 물색했더니 뜻밖에도 두 명이 참여하기로 했다. 아마 젊은 싱싱이들이 공장 안에서 열심히 설득을 하였나 보다. 한 사람은 회사와 임금 교섭 당시 노동조합의 부위원장인 공병원이고, 또 한 사람은 가공 공정 과정을 검사하는 담당자로 회사가 나를 근무 이탈이라고 우기는, 그 당시에 측정기구를 빌리려고 찾아가 만났던 검사원이다. 노동자들이 회사를 상대한 소송에서 불리한 점은 바로 증인을 세우기가 어렵다는 것이다. 회사 반대편에 선다는 그 자체가 회사에 대드는 행동이므로 불이익을 감당한다는 것이 쉽지 않다.

회사 측 증인 신문 과정을 내 편에서 설 증인이 미리 봐 두는 것도 유리할 것 같아서 공병원은 그날 월차 휴가를 내고 법정에 동행해서 방청석에 앉아 재판을 끝까지 지켜봐 주었다. 정말로 법대 앞에 선다는 것이 두려워서 첫 재판에는 아내가 동행해 줬는데 나보다 더 걱정을 하는 것을 보고 고통은 옆에 있다고 나눠지는 것이 아니라 똑같은 크기로 옆 사람도 덧씌워진다는 사실을 확인하면서 그냥 나 혼자 법정에 가기로 작정했다.

아무리 마음을 다잡는다고 해도 법정의 법대 앞에 서면 방청석에서 응원하는 누군가 있으면 든든해지는 것이어서 회사 측 증인의 반대신문에서는 등 뒤에 동지가 있으니 일부러 어깨에 힘을 주었다.

회사가 증거라고 내놓은 자료 중에 가장 황당하고 치졸한 내용에는 앞에 'JOC 관계 종업원' 명단과 덧붙여 한국수출산업공단이 발행하여 각 기업체에 보낸 '노사동향'이란 문서에서 발췌했다는 "위장취업 방지 대책 시달"이라는 제목의―평상시 노무관리 강화(불순세력 개입 방지) 대책을 세우라는― 문서였다.

회사의 전략은 박남수는 "도시산업선교'(속칭 '도산')계 문제 근로자로 1980년대 초에 유행되었던 위장취업자와 같이 취급하여 처리하라"는 정부(한국수출산업공단)의 지침에 따라서 경찰서가 보낸 명단에 근거하여 '아주 불순한 문제 주동자로 격리(사규 위반을 적용 징계 해고)된 자'라고 재판부에 인정을 받고 싶었을 것이다. 회사 증인인 김득수 총무이사는 이 문서들을 내보이면서 "박남수는 회사 종업원 중 가톨릭노동연맹 가입자 등과 결탁하여 사사건건 노조 위원장 등을 비난하고 노조 집행부를 불신 조장하고 노조 위원장을 갈아 치우자는 등 선동행위를 한다고 노조 간부가 자술했다"라고 주장을 한다.

거짓말도 정도껏 해야지, 유치한 술책에 화가 나지만 김 실장이 'JOC 관계 종업원 명단'을 재판부가 증거가 된다고 인정한다면 불리하다고 지적한 점도 있어서 감정은 접고 집중적으로 따져 물었다.

법정투쟁 시작

반대신문에서 우선 기를 죽여야 한다. 어떤 변호사는 증인에게 물어볼 때 증언대에 앉아 있는 위치로 이동해서 서서 증인을 내려다보며 닦달하듯이 따지는 것이 좋은 방법이라고 생각이 되어 나도 흉내를 내 보았다. 증인을 내려다보며 목청에 무게를 담아서 질문하니 총무이사는 주눅이 들어 있는 것 같았다. "증인 김득수는 회사에서는 저의 상사로 이사님이라고 부르지만 여기는 법정이므로 공식 호칭인 증인이라 부르는 것을 양해하십시오. 알았습니까?" 총무이사는 흘깃 쳐다보더니 부릅뜬 내 눈과 마주치자 얼른 고개를 숙이면서 "예"라고 마지못한 듯 대답한다. 이어서 다음과 같이 신문과 총무이사의 답변이 오갔다.

신문: "증인은 원고가 가톨릭노동연맹 회원이라고 방금 증언했는데 맞습니까?"

답변: "예"

신문: "원고가 천주교에 문의했더니 천주교에는 가톨릭노동연맹이라는 단체가 없다는데 증인은 이런 단체가 없다는 것을 알고 있습니까?"

답변: "문서에 원고의 이름이 나와 있습니다."

신문: "내가 물어보는 것은 천주교에는 가톨릭노동연맹이라는 단체가 없다는 사실을 증인이 알고 있었느냐입니다."
답변: "회사가 증거로 제시한 문서에 원고의 이름이 기재되어 있습니다."
신문: (이렇게 딴소리를 할 때 써먹으려고 사전 학습에서 봐 두었던 것을 던졌다.) "증인은 묻는 말에만 답변하시오!" 고압적으로 윽박질렀다.

이때 생각지도 않은 응원의 목소리가 나왔다. 지그시 눈을 감고 고개를 의자 등받이에 기대고 있던 재판장이 몸을 앞으로 내밀며 명령을 한다.
"증인! 묻는 말에만 답변하라고 하잖아요?"
바로 눈 아래 보이는 총무이사의 콧잔등에서는 이슬 같은 땀방울이 송송 솟아나고 있었고 얼굴색은 술 취한 모습과 같았다.
결국 총무이사는 원고가 종교단체에 소속되지 않은 것으로 알고 있다고 시인하게 되었고 증거 문서가 잘못되었다는 것을 진술한 효과도 추가된 셈이다. 따라서 그 총무이사의 나머지 증언마저 신빙성이 없어진 셈이다.
방청석에서 이 광경을 끝까지 지켜본 공병원은 석양이 아직 멀리 있는 시간대에 대폿집에 마주 앉아 첫 잔 건배를 하면서 "변호사보다 훨씬 잘하던데, 이참에 직업을 바꿔!" 다음 기일에 진행된 우리 편 증인신문은 덕분에 안심해도 되겠다고 했는데 정말 순조롭게 이뤄졌다.
회사는 총무이사의 증언이 별 효과가 없었다고 보고 불안했는지 두어 달 후에 다시 생산이사 정형근을 증인 신청했다. 지난번 증인

신문할 때 총무이사를 흔쭐나게 했는데 아식 회사 임원들이 정신을 못 차렸나 하던 차에 재판하는 그날 아침에 전화가 걸려 와서 받았더니 오늘 증인으로 나올 생산이사였다. 법정에서야 치받을 계획이지만 그 외의 상황에서는 차분해야 한다는 원칙으로 "이사님, 웬 일이십니까?"

"박남수 씨! 오늘 재판하기 전에 만날 수 없을까요?"

"내가 회사 변호사 사무실로 가서 함께 법원으로 갈 예정인데 그때 만날 수 있을 것입니다."

생산이사의 말투는 깍듯한 존댓말로 이어졌다.

"아니! 변호사 없는 곳에서 만나고 싶어서입니다."

무슨 할 말이 있다고 이렇게 간절한가 의아하면서 재판 10분 전에 법정 정문 앞에서 만나기로 했다. 재판을 받기 위해 법정 안에서 회사 변호사를 무한정 기다리는 것이 시간 낭비라고 생각해서 미리 변호사와 약속을 하고 법원 옆에 있는 사무실로 방문해서 같이 걸어서 법정을 가곤 했는데 이번에는 바로 법원으로 갔다. 언덕을 지나 법정 앞에 가보니 정형근 이사는 미리 와 기다리고 있었다. 먼저 나를 발견했는지 몇 걸음을 마중 나오듯이 다가와서 악수를 청한다. "박 형!" 갑자기 말투가 이상해졌다. 그러나 곧 왜 그러는지 알게 되었다.

"사장의 지시로 오늘 증인으로 나오기는 했는데 너무 걱정이 돼서 지난밤에 한숨도 못 잤어요."

"왜요?"

"지난번 총무이사가 증인 섰을 때 박 형한테 너무 혼이 났다는 소리를 들었는데, 나는 좀 봐 줄 수 없겠어요?"

정형근 생산이사는 회사가 나를 해고하려는 시도에 부합해서 시말서를 쓰라고 강요하던 임원이기도 해서 어처구니가 없다고 생각이 들었지만 '표정과 말은 반대로' 하라는 말이 생각났다. 웃으면서 "그러지요, 뭐! 그렇게 하려면 먼저 회사 변호사의 신문에서 잘 모른다거나 애매한 답변을 해야 합니다."

실제로 재판에서 생산이사는 엉성한 답변으로 일관했다. 나도 약속대로 부드러운 음성으로 곤란한 질문은 생략해 주기도 했다. 그렇게 해도 변수는 없을 것 같았다.

재판이 끝나고 법정 문을 나서자 생산이사가 쫓아 나와 자기 차량으로 같이 부평 방향으로 가자고 하더니 차량 안에서는 "쉽게 처리해 줘서 고맙다"며 부평에서 술 한잔을 하자고 제안했다.

부평시장 입구의 마포갈비에서 나는 기다리고 자기는 회사 차량을 반납하고 바로 퇴근해서 합석하겠다고 한다. 지금은 부평시장 공영주차장 건물이 들어서 있는 곳인데, 홀 바닥은 그냥 흙이 다져진 상태이고 연탄 화덕에 고기를 굽는 전통적 대중음식점이었고 당시는 부평에서 그래도 유명한 맛집이었다. 나는 들어가서 한자리를 차지했지만 생산이사가 약속을 부도낼지도 모른다는 생각이 들어 주인에게 "내가 물주가 아니고 회사 이사가 한잔 산다고 들어왔는데 안주는 그때 주문하기로 하고 우선 김치에 소주 한 병이나 주시오"라고 부탁을 했다. 해고자 호주머니는 먼지만 있었을 뿐이니 여차하면 술값만 지불할 작정이었다. 다만 나는 재판에 나갈 때는 꼭 회사 작업복을 입고 있었기 때문에 식당 주인은 코리아스파이서 직원이려니 하고 안심하는 것 같았다.

긴장도 풀리고 목도 말라서 안주 없이 나 혼자 2홉짜리를 홀짝홀짝 다 마시고 다시 두 번째 병뚜껑을 따서 한잔을 채우고 난 후에야 생산이사는 들어왔다.

　서너 자 직경의 원판 양철을 술상으로 하고 그 중앙에 구멍을 내어 밑에 붙여서 상다리 역할도 하는 화덕에는 아직 연탄도 없는 상태로 덩그러니 놓여 있는 소주 2병을 보고 생산이사는 "아니! 안주도 없이 벌써 이렇게 마셨어요?" 놀란 척한다.

　"내가 여태 회사 간부들하고 술 먹어본 적이 없어 믿음이 가지 않아서…."

　"무슨 말을… 하여간 내가 왔으니 걱정 말고 진하게 취해봅시다."

　말은 그렇게 하면서도 내가 주정을 할까 봐 근심하고 있었다.

　"근데 괜찮겠어요?"

　얼마 전에 황영환 선배님이 진중한 충고를 했었다. "권력에는 주력(酒力)으로 버텨라!" 권력이라 함은, 정권은 물론 그 하수인에 해당하는 정보과 등 기관원들이 부리는 횡포를 말하는데 여기에는 공장의 노동자들을 관리하는 간부들도 포함된다.

　그 후로 소주 몇 병을 더 소비하고 색다른 협상을 했다.

　"재판에서 이사님의 부탁을 들어줬으니 이번에는 내 부탁을 들어줘야 할 차례입니다."

　경계하면서도 술김인지 몰라도 "그래야지요. 뭔 부탁입니까?" 쉽게 승낙했다.

　"회사가 조합원을 해고하는 것을 정 이사님이 막아주시오!"

　내 말이 끝나자 정 이사는 술 한 잔을 비우고도 안주는 먹지 않고 뜸을 들이더니 "알았습니다. 최선을 다하겠습니다" 하고 말했다.

　"아니! 내 부탁은 최선이 아니라 중지입니다."

"오케이라니깐요. 보충역 애들 말하는 거지요? 해고가 아니라 영전시키겠습니다."

그때는 영전이라는 뜻을 몰랐다. 회사는 싱싱한 젊은이를 비롯하여 노조 민주화를 주장하는 조합원들을 '도산'(도시산업선교회)은 빨갱이라는 굴레를 씌우고 직장이나 반장 등을 동원해서 자진 사퇴 방식으로 쫓아내려고 했다. 궐기대회까지 열고 홍지영이라는 반공팔이 강사를 데려다 강연을 하면서 분위기를 다잡으려고 거의 발광 수준의 모든 방법을 동원하고 있었다. 천주교 인천교구에서 김병상 신부님이 항의 방문 등으로 종교계의 반발도 심각해지자 싱싱이 젊은이들을 부산이나 광주 그리고 평택 등에 있는 자동차 조립 공장의 주재원으로 파견 보내면서 현장에서 격리시키는 전술을 써놓고 영전이라고 호도했다.

여덟 번의 심리를 하고 재판부는 양쪽을 보고 "주장을 충분히 제시했지요?" 의견을 물어 다음 기일에 종결하겠다고 선언했다. 그러더니 회사는 며칠 후 재판을 지속해달라는 변론 재개 요청을 했고 재판부가 승인하니 증인을 또 세우겠다는 것이다. 이번에는 총무과장으로 열한 번째 재판에서 신문이 진행되었다.

그리고 열두 번째 재판은 회사 측 변호사가 출석하지 않아 나만 법정에 헛걸음을 했다. 열세 번째 재판에서 다시 변론 종결을 결정했다. 그랬는데 또다시 변론 재개를 하면서 증인 하나를 더 세우겠다는 것이다. 열다섯 번째 재판에서 회사의 증인으로 내세우는 사람은 조합원이었는데, 어용이라고 손가락질을 당할 것 같다고 짐작했는지 다음 재판에서 나오지 않았다. 재판부는 그다음 기일에서는 증인 신청 취소를 선언하고, 열일곱 번째 재판에서 결국 변론 종결을 세 번째로 선언했다.

그리고 다음 기일에 선고를 하겠다고 결정했다.

해고 된 지 1년을 훨씬 넘긴 세월을 보내고 나서야 겨우 1심 재판을 마치게 되었다. 재판부는 오전 10시부터 열리는 법정을 개정하자마자 제일 먼저의 순서로 그날의 선고 내용을 밝힌다. 일정하지는 않지만 대개 한 번에 20여 개 정도의 사건을 선고하는 것 같다.

그동안 나를 위해 증언을 해준 동료와 법정에 동행한 것 외에는 나 혼자 참여했었고 선고 기일에도 혼자서 법정 앞자리에 앉아서 선고를 기다리고 있는데 거의 끝날 때쯤까지도 내 이름이 나오지 않았다. 순간 목덜미가 뜨듯해졌다. 왜 이렇지? 손가락으로 뒷목을 꾹 누르면서도 계속해서 재판장 입만 바라보았다. 마지막에야 내 이름이 호명되더니 "선고 연기"라고 말했는데 처음에는 무슨 말인지 머릿속이 하얗게 되는 것 같다가 한참 뒤에야 다음 기일에 선고하겠다는 말이라고 이해가 되었다. 멍하니 앉아 있다가 법정을 나섰는데도 목덜미의 열기는 계속되었다. 다리에 힘이 풀려 걷는 것도 힘이 들어 옆의 긴 의자에 앉아 눈을 감아보았다. 그래도 "박남수, 기각!"이라는 소리를 듣지 않은 것만으로도 다행일 수 있겠다고 자신을 다독거렸다.

드디어 5월 27일 다시 법정에 나갈 때는 도대체 혼자서는 감당할 수 없는 불안감에 아내와 동행했다. 이번에는 순서가 빨랐다.

재판장이 제일 먼저 내 사건을 불렀다. "인천가합713 원고 박남수, 피고 코리아스파이서공업주식회사 간 해고무효 확인의 소, 원고 승소"라고 선고했다.

그러나 나는 내 귀를 믿지 못했다. 아내에게 판사가 무슨 말을 했냐고 물었다.

"무슨 얘기인지는 잘 모르겠는데 마지막에 하는 말은 '승소'라고 한 것 같은데…."

"감사합니다!"

재판부를 향해 고개를 깊이 숙여 인사를 했다.

법원을 나서는데 눈물이 그렁거려진다. 도로를 건너질러 간석시장 뒤 남쪽 골목도로에 들어서자 저만치 교회가 보였다. 그날 처음 본 교회였는데 무조건 예배당으로 들어가서 맨 뒤 의자에 주저앉아 숨을 가다듬었다. 저 앞에 강대상 뒤 벽에 붙어있는 십자가에는 예수가 처참한 몰골로 매달려 있었다. 고였던 눈물이 쏟아졌다. 옆에 있던 아내도 소리 없이 울고 있었다. 가장이 해고되어 생계가 급박한 상태에 몰리니 아내는 양말과 내의를 싸 들고 동네에 돌아다니는 보따리 장사를 했다. 보험회사 모집원으로 수금한다고 인천 모든 지역을 버스비도 아까워서 도보로 누볐다. 동네 반상회에서 통장이 "박남수는 빨갱이라고, 회사에서 잘렸다고 형사가 말하더라"고 공시하듯이 발언하는 것을 듣고도 항의조차 못 했다.

울고만 있을 때가 아니다. 교회 문을 나서 바로 인근에 있는 공중전화로 부산에 파견 나가 있는 송순교에게 전화를 했다. 긴말이 필요 없다. "해고 재판에서 우리가 이겼다."

순교는 다시 평택에 있는 이교일에게 전언하고 그리고 부평 코리아스파이서 공장으로 소식이 전달되는 시간은 내가 집으로 돌아오는 것보다 짧았다.

회사의 횡포를 강제 집행으로 차압하다

판결문의 내용은 이렇다.

주문

1. 피고가 원고에 대하여 1982. 4. 13.에 한 징계해고처분은 무효임을 확인한다.
2. 피고는 원고에게 1982. 4. 14.부터 원고를 원직에 복직시킬 때까지 매일 금 12,278원의 비율에 의한 금원을 지급하라.
3. 소송 비용은 피고의 부담으로 한다.
4. 제2항은 가집행할 수 없다.

그다음에 이어져야 할 행동이 무엇인지 법에 관련해서는 모든 것이 초보였던 나는 변호사들을 찾아다녔다.

김정환 실장이 몸이 아파 어느 시골로 요양을 갔다고 해서 그가 돌아올 때까지는 법률 동냥을 다녀야 했기 때문이다. 이때 만난 변호사들은 이상수(후에 국회의원), 같은 빌딩에 있던 박원순(후에 서울시장) 그리고 조영래 변호사도 김앤장에서 나와 대한일보빌딩에 사무실을 열었다. 한국 노동운동의 대부 길말룡 선생, 후에 이화여자대학교 총장까지 올랐던 신인령 당시 이대 법과 조교수 등을 만나서 자문과 지도를 받았다. 종로에 있는 석탑에도 찾아가서 상담하고 노동법 해설이라는 제목들 단 책도 한 권 샀다.

이렇게 해서 취합된 행동 방향은 우선, 공장에 가서 복직을 타진해 보아야 하지만 당연히 거부할 것이고, 그다음에는 판결문 주문 2항인 임금을 지급하라고 청구해야 한다. 이마저도 거부할 것이므로 다음에 할 행동은 제4항의 '가집행'이라고 하였다. 다른 것은 특별한 준비 없이 회사와 붙어볼 수 있지만 '가집행'은 단어조차 처음 들어본 사항이어서 걱정은 되지만 회사와의 타협에서 마지막에 어쩔 수 없이 진행해야 하는 절차라고 이구동성으로 언급한다.

자문에 따라 먼저 법원에 가서 판결정본의 송달증명과 집행문부여 신청 절차를 밟아서 '강제 집행문'을 발급받았다. 다만 사례가 없어 경험으로 본 사례는 찾을 수 없고, 더욱이 노동자가 회사를 상대로 차압을 붙인 일은 아예 없으니 불모지를 개척하는 마음으로 밀고 가기로 했다.

해고되고 1년쯤 되어 당당하게 회사에 들어가서 총무이사 책상 앞에 힘차게 디디고 서서 "판결문의 주문에 따라 해고를 취소하고 복직하도록 조치하기 바랍니다."

총무이사는 고개를 들지도 아니한 채 떨떠름하게 "나는 결정할 권한이 없어요" 했다.

"그렇다면 판결문 주문 2항에 의거해서 임금을 지급해 주시지요."

"회사에서는 항소할 예정이니 임금 지급은 안 됩니다."

나는 목소리를 낮춰서 그러나 힘은 주어 "지금 하신 말씀을 후회하지 마십시오! 멀리 가지 않습니다. 내일 다시 봅시다."

그다음의 대답은 들을 필요도 없다는 것을 행동으로 알리고 싶어 인사도 하지 않고 곧바로 획 돌아서서 사무실을 나왔다.

다음 날, 미리 접수한 신청에 따라 법원 건물 뒤 켠에 있는 집달리 사무실로 찾아가서 집달관 2명을 대동하고 회사에 들이닥쳤다. 다시 총무이사 책상 앞으로 다가서며 거만하지만 낮은 목소리로 말했다.

"총무이사님! 어제 약속했지요? 회사에 강제집행하러 왔습니다."

"강제집행이라니 무슨 소리요?"

총무이사는 의자에서 벌떡 일어나 내 앞으로 나오면서 손이라고 잡을 기세다.

"강제집행을 모르세요? 차압 붙인다는 말씀입니다."

그제서야 총무이사는 법원에서 나온 집달관에게 부탁을 하려고 했다.

"차압하면 공장 가동이 중단되나요? 그러면 회사는 큰일입니다."

"그럼 판결문에 명시된 금액을 채권자에게 주고 집행을 멈춰달라고 하세요!"

"지금 당장 현금은 없고 사장님도 안 계셔서 결재도 할 수 없는 상황이니 며칠만 봐주세요."

집달관이 짐짓 난처하다는 듯이 나를 쳐다보며 "여기 채권자에게 부탁할 사항입니다. 우리는 차압할 물건에 강제집행문을 붙이는 역할입니다" 하고 말했다.

나는 집달관에게 말했다.

"공장으로 가서 내가 압류 물건을 지정할 테니 그리로 갑시다."

총무이사는 울상이 되어서 나에게 "왜 나만 악살 메김니까?" 하소연 아닌 하소연을 했다.

집달관들과 내가 본사 건물을 나와서 길 건너 공장 문으로 들어서는데 그새 통보를 받았는지 생산이사가 마중 나오듯이 뛰어와서 내 손을 잡고 흔들면서 다급하게 "가동하는 기계에는 피해 주시오. 내가 박형이 부탁한 것을 들어줬지 않습니까?"

추가 징계를 하지 않았다는 얘기를 하는 것이다.

"아! 그거야 천주교 신부님들이 찾아와서 항의한 덕분이지, 내가 부탁한 결과는 아니지요."

공장 안에서는 어떻게 알았는지 소문은 참 빨랐다. 노동자들이 적당히 눈치를 보아가며 이쪽으로 눈길을 보내고 있었고 어떤 이는 살짝 손을 흔들기도 했다. 이동이 조금은 자유로운 반장이나 조장들은 기웃거리며 상황 진행을 알려고 한다. 내가 소속되어 있던 윤 반장이 옆에 와서 넌지시 물어본다. "뭔 일이야?" 윤 반장은 주민등록상으로는 나보다 한 살 적은데 실체는 나보다 한 살이 더 많다고 우기는, 그렇게 허심탄회한 사이였지만 1년간을 보지도 못했으니 누구보다도 궁금한 사연이 많았을 것이다. '이 사람 입을 통해서 공장 안에 해고된 박남수가 공장에 차압 붙이러 왔다는 정확한 소식을 전파하게 해야지!'

우리들의 대화 사이를 불편한 듯이 가로막는 생산이사의 부탁을 들어줘야겠다는 생각이 퍼뜩 들었다. 어차피 나는 공장으로 되돌아올 것이고 그때에 임원의 발목 하나 정도는 잡아두는 것이 필요할지 몰랐다. 공정 중에 중요한 역할을 하는 공작 기계를 대신해서 출고 대기 중에 있는 제품에 '강제집행문'이라는 제목에 붉고 큼직한 사각형의 법원 도장이 찍힌 8절지(A4) 공문을 테이프로 붙이고 다시 스테이플러로 꽉 찍으면서 게시 절차까지 마쳤다. 그러면서 나는 행운 같은 과정이 순조롭게 진행되어 가고 있으니 한 1년 후에는 꼭 공장으로 되돌아온다고 자신했다. 그러나 그것은 엄청난 착각이었고 실제는 그로부터 공장으로 돌아온 것은 8년이 더 지난 후였다.

회사는 부랴부랴 그때까지의 임금을 일괄 계산하고 가집행에 소요된 경비까지 포함해서 지급해 줬다. 그렇지만 회사는 고등법원에 항소하였고 재판은 계속되었다.

전직 검찰총장의 전관예우를 상대하다

회사가 지방법원에서 패소한 것이 억울하다며 항소하였다고 서울고등법원에서 보내온 문서에는 놀랍게도 변호사가 두 명이나 기재되어 있었다. 그러지 않아도 아슬하다고 생각하면서 견뎌온 1심 재판이었다. 회사가 아무리 졌다고 해도 노동자를 상대로 변호사를 복수로 쓰냐고 원망할 일은 아니니 걱정은 오로지 내 몫이다. 조영래 변호사를 찾아갔다 항소장을 본 조영래 변호사는 흠칫 놀라는 기색이다.

"허형구 변호사는 얼마 전까지 검찰총장을 했던 사람인데…."

허형구는 이후 노태우 정권에서 법무장관에 올라가기도 했다.

회사에서 강제집행을 당하고 얼마 지났을 때쯤 신진그룹의 김창원 회장이 코리아스파이서 전 직원을 모아놓고 조회를 했다.

"신진그룹의 핵심 중견 회사인 KSC(코리아스파이서 회사의 영어 약자)가 노사 문제를 제대로 풀지 못하고 소송에 말려 들어가는 창피를 당해야 하는가? 이제는 내가 직접 경영하겠다." 그리고 간부들만 따로 모인 회의에서는 "변호사도 없는 노동자에게 패소 당하고 회사가 차압을 당하다니 가당하기나 한 일이냐? 신진 얼굴이 똥칠을 당했다. 돈이 문제가 아니라 그룹의 명예를 지켜라! 확실한 변호사를 사라!" 그 결론이 '전관예우'를 받는다는 전직 검찰총장을 변호사로 선임한 내역이다.

담배 한 개비를 피다가 끄고 다시 피고, 그렇게 3번을 반복하는 버릇이 있는 조영래 변호사는 연거푸 두 개비를 피우고 나서야 내 생각을 물었다.

"나 홀로 1심에서 이긴 것도 굉장한 행운인데 여신이 두 번이나 연속으로 온다는 것은 힘들 터이고, 가집행으로 임금도 이제 받았으니 변호사를 선임했으면 좋겠다"라고 대답했다.

내 의견에 또 한참을 생각하더니 무겁게 입을 열었다.

"1심 판결문은 매우 완벽해서 이것을 뒤집을 법리나 논리는 나올 수 없으니 그대로 고등법원도 '나 홀로'로 갑시다!"

법리나 논리가 어떻게 구성되는 것인지 잘 모르겠지만 쉽게 말해서 이번에도 변호사 없이 혼자 계속해 보라는 것이다. 나는 아무 대답도 하지 않고 그다음 날에 그동안 들락거리면서 자문 주던 변호사들을 만나서 의견을 물었다. 조영래 변호사처럼 그냥 본인 소송을 해봐도 괜찮다는 의견이 두 분이 더 있고 조금은 불안하니 안전하게 가라는 의견이 세 명이었다. 종합하면 3대 3인데 결국은 내가 결정할 수밖에 없는 셈이다.

다시 조영래 변호사를 찾았더니 "노동자가 검찰총장을 하던 상층 세력에 대놓고 피고라고 직접 부를 수 있는 기회는 이제까지 없었고 앞으로도 쉽지 않을 것이다. 노동자의 본인 직접 소송 사례에서 1심에 승소한 것으로도 그 의미는 충분히 확보한 셈이지만 고등법원까지 이어 가면 승패보다 더 큰 의미가 있어 노동자들에게 법정투쟁의 전술을 전개할 동기가 충분하게 제공될 것이니 반드시 당당하게 밀고 나가

시오!"

'나 홀로'는 보기에는 혼자 싸우는 것 같지만 이렇게 뒤에 바짝 서서 버티는 지원군이 없으면 정말 힘들다. 며칠 후 사무실로 오후 늦게 오라고 해서 들렀더니 대여섯 명의 변호사들이 모여 있었고 이어진 자리에서는 내 재판의 1심 승소 축하와 2심의 승리를 격려해 주는 소주 파티가 열렸다. 이렇게 튼튼한 후원자였고 버팀목 역할을 하던 조영래 변호사는 1990년 12월 12일에 50세 초반 나이에 우리 곁을 떠났다.

고등법원으로

1983년 겨울, 태산 같은 걱정을 더 짊어졌다는 두려움을 가셔내지 못한 채 시작한 서울고등법원 법대에서 공장 작업복을 입고 서 있는 내 오른쪽에는 두 명의 변호사가 '박남수가 죽일 놈'이라고 주장하느라 열성을 부린다. 그러나 차수가 지나갈수록 여유가 생겼다. 회사는 이미 지방법원에서 주장했던 내용을 반복하였고 증인으로 내세울 자원도 역시 1심에서 인사 담당 핵심 간부들을 다 불러냈으니 그 이상은 없어 보였다. 회사 변호사가 1심에 증인으로 나왔던 회사 간부를 다시 불러서 신문했는데 말 그대로 앵무새 수준이었다. 회사는 다시 총무이사를 증인으로 채택해 달라고 재판부에 요청했으나 1심 증인을 또 세우려고 하느냐며 거부당하고 원고로서 나도 쐐기를 박아야 할 것 같아 증인 신청을 했더니 재판부가 안 해도 된다고 한다.

해를 넘겨 초봄이 됐을 때에야 고등법원 재판부가 변론 종결을 선언했다.

회사 측 변호사인 허형구가 법정 문을 나서면서 자기 사무실에 가서 차를 한잔하자고 붙잡는다. 커피를 반쯤 비웠을 때쯤 허 변호사는 조심스럽게 회사의 제안이라고 입을 열었다.

"회사에서 당신이 소송을 취하하면 선반 기계 두 대, 세파(평삭 가공 기계) 한 대를 구비한 마찌꼬바(소규모 공장)를 차려주고 일거리는 회사에서 전부 책임진다는데 어떠냐?"

무슨 말인지를 얼른 알아듣지 못하고 있는데 허 변호사의 말이 이어졌다.

"조건은 고등법원 선고 이전에 결정하면 내가 보증을 섭니다."

갑자기 짜증이 솟아났다.

"나는 조건이 단 하나입니다. 내가 일하던 기계 앞으로 복직시키는 것입니다."

담판은 그렇게 간단했고 2주 후에 '항소 기각', 즉 고등법원도 승리로 끝났다.

세월이 한참이나 흘러갔어도 그때 허형구 변호사의 제안을 받았다면 내 인생은 어느 방향으로 가고 있었을까 궁금증이 가끔 생기기도 한다.

회사는 마지막까지 발버둥을 치듯이 대법원에 상고를 했고, 이 재판은 1984년 11월 13일에 선고하면서 '해고무효 확인의 소' 재판은 노동자 박남수의 승리로 완전히 끝났다. 우연하게도 그날은 전태일 열사의 14주기 기일이었다.

1심 재판을 하던 시기에 어느 날 세면기 앞에 걸려 있는 거울에 비춰진 내 몰골을 보고 스스로가 비참하다는 느낌이 들이 집인에 있던 거울들을 모두 떼어 버렸다. 서울고등법원으로 재판이 넘어간 후쯤에 우연히 아내의 화장대 앞에 걸터앉았다가 정말로 오랜만에 거울로 내 모습을 보게 되었는데, 스스로가 화들짝 놀라고 말았다. 얼굴 몰골은 그렇다 하더라도 머리가 백발이 되어가고 있었기 때문이다. 해고는 이렇게 인체도 비참하게 삭아들게 하는구나를 직접 확인하면서 젖었던 상심은 복직을 하고서야 사라지기는 했다.

회사의 징계 해고가 무효라고 법원의 판결이 있으면 다음 날부터 복직해서 일을 할 줄 알았는데 실제로는 그로부터 거의 7년을 더 지나고 나서야, 회사가 신진그룹에서 성신양회 그룹으로 넘어가고 나서도 한참이나 지난 후에 마지못해 복직시켰다.

그로부터 10여 년이 지난 즈음에야 정년퇴직하면서 내 인생에서 공장 노동자의 작업복을 벗었다.

다연발 소송 전술

해고무효 확인 소송으로 복직은 되지 못했다. 해고가 원천 무효로 종업원의 지위는 이전부터 유지되는 효과가 있음에도 판결금을 준다는 이유로 노동권이 무시되었다. 더 나아가 노동조합도 인사 명령이 없다는 핑계를 대며 어용 노릇을 대놓고 하는 상황이니 맥이 빠지는 기분이다. 다시 정신을 가다듬고 짜낸 생각은 내가 군대 있을 때 쏴봤던 기관총처럼 한번 방아쇠를 당기면 연속으로 쉬지 않고 총알이 나가는 '다연발' 작전이다. 사안 하나하나를 정리해서 차례로 법정으로 이어

달리기식으로 끌고 가 계속 소송을 제기하는 방법이다. 맞다. '다연발 전술'로 싸운다.

모든 사건은 모두 어쩔 수 없이 '나 홀로' 소송으로 진행하였다. '부당노동행위 구제신청' 사건으로 인천지방노동위원회를 거쳐 중앙노동위원회까지 갔는데 기각되었다. 그래서 중앙노동위원장을 피고로 상대해서 서울행정고등법원에 판정 취소하라는 소송을 제기했고 기각되어 대법원까지 갔다.

'노동조합원 지위보전 가처분 신청'과 '조합원 지위확인 청구 소송', '근로조건 위반으로 손해배상(근로기준법 준용)'에 관한 행정소송으로 또 인천지방노동위원회, 중앙노동위원회를 거쳐 고등법원까지, '추가 인상된 임금을 지급 받기 위한 손해배상 청구(민법 준용)'를 서울지방법원에 제기하였으나 '각하'되었다. '각하'라는 판결은 쉽게 말해서 재판할 가치도 없다는 의미이다. 이 사건도 고등법원에 항소하였으나 기각되었다. 이 소송의 내용은 해고가 무효가 되었는데 회사는 복직도 시키지도 않고 해고 당시의 임금만 지급하고 있었기 때문에 그간의 인상된 부분을 추가로 지급하라고 청구한 것인데, 1982년 해고 당시의 평균임금을 근거로 이미 판결된 효력은 변경될 수 없다는 판례가 각하의 근거가 되었다. 즉 '기판력에 저촉되어 각하한다.'

그러나 결국은 대법원에서 뒤집어져 파기환송이 되었다. 이 재판은 해고 소송보다 더 어려웠고 그만큼 의미도 상당한 것이다. 해고가 무효되었는데 복직시키지 않으면 종업원으로서 임금에 관하여는 차별 대우를 하면 안 된다는 판례이다.

부당노동행위 구제신청

우선 부당노동행위 구제신청 사건은 대법원까지 가면서 내내 실패했다.

인천지방노동위원회에 구제신청의 이유는 해고무효 확인의 소송과 비슷하지만 여기서 요지만 추려보면, '노사 간 임금 교섭은 1982. 3. 20. 시작되면서 노조 대의원들이 같은 달 말에 정부의 임금 인상 가이드 라인인 9.9%를 최소한 유지되어야 한다는 결의한 바에 따라 대의원회에서 선출된 단 한 명의 신청인(박남수)은 이에 부응하여 7%만 인상하겠다는 회사 측에 강하게 대응하였고, 같은 해 4월 2일에 열린 교섭 회의에서 노조 위원장이 회사 측의 변경된 주장인 임금동결에 합의한 사실에 대해 적극적으로 반대했다는 이유로 해고되었으므로 부당노동행위'라고 주장하였다. 그러나 이 사건을 담당했던 지방노동위원회의 공익위원으로 박준 위원장, 이재규 부위원장, 장학식 공익위원 등은 "회사의 어려운 경영상의 문제는 고려치 않고 오히려 조합원의 임금 인상만을 주장하여 회사로서는 앞으로 다른 종업원에게 악영향을 우려하여 해고시킨 것"이라는 회사 임원의 진술에서 노동조합 활동을 이유로 해고시켰다는 사실이 확인되었으므로 명백하게 부당노동행위임이 드러났는데도 증거가 없다면서 기각 결정을 하였다.

이어 중앙노동위원회에 재심 신청을 하였지만 지방노동위원회와 동일한 결정을 하였고(심의위원: 한진희 위원장, 김형배 고려대학교 법학과 교수, 신태식 등), 그래서 중앙노동위원장을 상대로 결정 취소하라는 서울고등법원에 행정소송을 제기했지만 실패하고 다시 대법원에 상고

하였으나 역시 패소하였다.

사용자들의 부당노동행위는 다른 징계 사유로 철저하게 위장시키기 때문에 직접적이고 적극적인 증거 제시하기가 거의 불가능하므로 객관적이거나 합리적인 추정과 간접 증거만으로도 충분한 가치가 있다고 대부분의 노동법 학자들이 주장한다. 법 이론이 그러하고 명백한 증거로서 경영진의 명백한 진술이 있었음도 이를 피해 가는 결정을 노골적으로 내놓았다. 더구나 노동위원회는 부당노동행위 구제를 신청한 노동자에게 사용자가 증거로 제시한 내용은 법 규정이 없다는 이유로 공개하지 않는다. 그러나 사용자에게 정보가 제공되고 있다는 것은 진행 과정에서 충분히 나타나고 있었다. 정말 기울어진 운동장이다.

또 부당노동행위가 인정되었다고 하더라도 사용자가 이행하지 않아도 달리 법규에는 제재 규정이 없었다. 그러니 노동자에게 노동위원회는 있으나 마나 하고, 오히려 사용자의 보호막 역할을 충실히 하는 기관이다. 사실 87년도 노동자 대투쟁의 원인 중에는 이와 같은 국가기관이 제 역할을 하지 않고 왜곡된 시책도 포함된다.

조합원 지위 확인 청구 소송

해고가 법원에서 무효라고 판결하였다는 것은 종업원의 지위가 불법적으로 침탈되었다가 다시 소급해서 원상회복되는 효력이 있는 것이므로 종업원의 지위 여부에 따르는 당시 현행법에서 노동조합의 조합원 지위도 소급해서 당연히 원상회복된다는 것은 법 이전에 상식 수준만으로도 인정되어야 정상적인 사회이고 이것이 보장되어야 법치

국가라고 할 수 있는 것이 아닌가?

　대법원에서조차 해고가 무효라고 확정한 것에 대해서 사용자가 불편하게 생각하는 것은 그렇다 하더라도 조합원의 불이익을 방어해야 할 노동조합이 회사와 같은 입장을 취하고 있었으니 이런 경우를 무엇이라고 하던가? 노동조합이 임금이 쓰는 밥그릇 수준으로 전락하면, 소금이 그 맛을 잃으면 쓰레기통에 버릴 뿐이다.

　해고 기간 임금을 가집행으로 수령한 후 1985년 5월에 노동조합에게 해고 기간 동안의 조합비를 납부할 것이니 수납하고 조합원으로 인정하라고 요구하였지만 거부하였다. 그래서 우편 송금을 하였더니 반송되어 왔다.

　어쩔 수 없이 다시 법원의 문을 두들겼다. 조합비를 받으라, 안 받겠다 하면서 몇 개월을 보낸 후 그해 12월에 노동조합을 상대로 '노동조합원 지위확인 청구의 소'를 제기하고 동시에 가처분 신청서도 인천지방법원에 접수시켰다. 그해 말에 있을 노동조합의 대의원 선거 일정을 명분으로 삼았다.

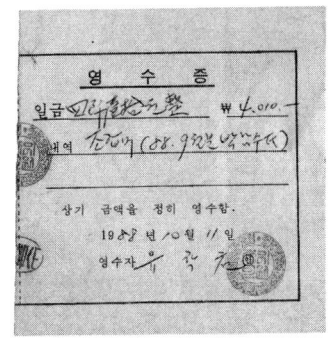

조합비영수증

　여기에서 '가처분'이라는 것은 재판이 장기간 진행되므로 그 사이에 노동조합에서 시행하는 과정과 활동에 참여하지 못하여 불이익을 받을 수 있으니 본 재판이 확정되기 전이라고 하더라도 임시로 본안 재판을 통해서 확보할 수 있을 권리를 행사할 수 있도록 결정해달라고 법원에 신청하는 제도이다.

'조합원 지위확인 청구의 소'라는 본 재판이 선고될 때까지, 설사 1심에서 승소한다고 하더라도 노동조합이 항소 그리고 상고를 하여 확정판결을 기다리기에는 시기상 너무 급박한 권리는 침해받을 위험이 있는 것이 현실이므로 재판이 종결되기 전이라도 조합원으로서의 제반 권리 행사를 하도록 판결을 신청하면 이 가처분 재판은 빠르게 진행되는 것이 일반적이다. 그런데 이 사건 가처분 신청은 본안 소송이 끝난 후에야 결정되었으니 실질적인 효력을 발생하지 못했다. 다만 다연발 전술에서 발사된 공포탄 정도였던 셈이다.

재판부는 일반적인 방식인 가처분 심리는 제쳐두고 본안 소송 첫 재판 기일을 의외로 빨리 잡아줬다. 소장을 접수한 지 20일이 되기 전에 잡히고 해를 넘겨 내가 회사의 총무부장과 노동조합의 부위원장을 증인으로 신청하는 등 속도를 높였지만 대의원 선거에 선거권 행사는 참여하지 못했다. 노동조합은 직접 나와서 재판받을 엄두도 내지 못하고 증인들도 나오지 못하니 본 재판을 시작한 첫날 바로 변론 종결하고 1986년 2월 28일에 원고 승소로 1심은 끝났다. 노동조합의 능력으로는 항소할 수도 없었으니 이 재판은 그것으로 종결되고 "박남수는 코리아스파이서 노동조합의 조합원임을 확인한다"라는 판결은 확정되었다.

그러나 복직은 몇 년을 더 지난 후에 이뤄졌고 그동안의 임금은 판결 금액을 수령하는 형태였으므로 조합비는 원천징수 하지 아니하여 매달 조합을 방문해서 현금으로 납부하고 영수증을 받는 방식이었다. 매월 수령하는 임금(?)도 회사의 총무과를 방문해서 영수증을 써주고 수령하였고 공장에는 출입을 막았기 때문에 공장 정문의 경비실

건물 2층에 있는 노동조합 사무실 정도민 조합비를 납부한다는 명분으로 출입이 가능했다. 조합 사무실에서 우연히 극소수의 동료들을 만날 수는 있었지만 그 이상의 접근을 금지시켰다.

해고가 무효라고 지방법원에서 판결이 난 이후부터는 나는 코리아스파이서 노동자라고 자기 체면을 걸었다. 그리고 실천을 했다. 회사가 주관하는 체육대회는 물론 1년에 한 번 열리는 회사의 하기 휴양소 행사가 약 2박3일 간 유명 관광지에서 열릴 때는 꼭 찾아가서 조합원들과 어울려 진탕 즐겼다. 회사의 간부들에게야 여간 밉상이 아닐 수 없지만 거리낌 없이 개겼다. 그런 곳은 정문이나 경비원이 없으므로 출입 통제도 할 수 없으니 회사는 속수무책이었다. 내 활동이 이때만큼은 자유로웠다. 이와 같은 조합원들과의 관계를 확대시키는 것은 조합원들이 노동조합 민주화 활동을 '빨갱이'라고 교육받은 의식이 잔존해 있었기에 이를 허물어야 했기 때문이다.

1987년 노동자 대투쟁에 참여

1987년 7, 8월 노동자 대투쟁 때 코리아스파이서도 7월 12일 파업을 선언했다. 노조 집행부와 관리직을 쫓아내고 공장 문 걸어 잠근 뒤 점거 농성을 시작했다. 이 파업 투쟁은 우발적으로 발생한 것이 아니라 젊은 싱싱이들이 기획하고 인천 지역을 기반으로 모인 조직과 연대를 결성하는 치밀한 준비가 있었다. 지방에 파견 방식으로 격리되었던 싱싱이 젊은 친구들도 돌아왔다. 그중에 이교일은 단체교섭 노동조합 측 위원으로 발탁되어 핵심에서 활동하였다. 나도 공장 안으로

단결 투쟁

들어갔다. 조합원 지위도 노동조합과 소송을 통해서 확보한 권리가 있다는 것은 모두 인지한 상태였다.

내가 점거 농성 과정에서 맡은 역할은 조합원 교육이었다. 당시만 해도 대개의 노동조합에서는 전체 조합원 교육을 한 적이 별로 없었다. 조합원이 너무 알면 조합 집행부가 피곤하게 된다고 노총이나 연맹 같은 상급 간부들이 공공연하게 얘기하던 시절이었다. 파업이 장기간 진행되면 피로도가 높아진다. 이때 조합원들을 투쟁 대오에서 이탈하지 않도록 하기 위해서는 교육으로 시간을 배치하면 유리하다. 내용을 재미있고 유익하게 구성하면 조합원들의 의식도 높아지고 그 뜨거운 7, 8월 태양도 견디면서 대오를 유지할 수 있어서 일거양득이 되는 셈이다. 실제 대개의 노동조합에서는 파업 기간에 조합원 교육을 집중적으로 한다.

내가 긴 해고 기간 동안 밖에서 보고 배우고 느끼고 실천했던 경험과 지식은, 공장 안에서만 생활한 노동자들에게는 공장 밖 세상을 제대로 바라보면서 의식을 변화시키는 계기가 될 수 있었다. 예를 들어 한국 노동조합 역사를 소재로 교육하면서 해방 이후부터 시작해서 70년대 말 동일방직 똥물 사건이나 인근 부평공단에서 일어난 반도상사 등의 사례, 그 외 전국 단위의 어용노조의 역사들은 좋은 교육 소재였다. 듣고 있는 조합원들도 새로운 사실들은 알게 되면서 재미있어하니 효과는 예상보다 증폭되었다.

노조 집행부를 추방시켰지만 직선제로 선출되었으므로 상당수의 조합원들의 지지는 유지되고 있는 것이 현실이었다. 또 파업을 주도하고 있는 비상대책위원회에도 현 집행부를 반대하는 세력으로 꾸려졌지만 여기에도 과격한 노동조합 활동은 '빨갱이'라는 생각을 가진 사람도 적지 않았기 때문에 내가 교육을 담당해서 조합원들을 직접 상대하는 것이 마땅치 않은 생각도 있었지만 파업 과정을 진행할 인물이나 자원이 없었기 때문에 어쩔 수 없이 역할이 부여되었다.

교육은 강의만으로는 부족했다. 노동가요도 배워야 했다. 투쟁가는 그것을 합창하는 것부터 노동자들의 연대 의식의 발현이고 행동의 구체적인 표현이기 때문이다. 87년 투쟁 이전까지 노동가요는 노동조합에서 가르쳐주지도 않았고 달리 배울 기회도 없었다. 오죽하면 투쟁 행진하면서 부를 수 있는 노래가 〈향토예비군가〉였고 이것을 투쟁가라고 부르고 있었다.

당시 가톨릭농민회에서 나온 〈농민가〉를 약간 개사한 투쟁가를 농성 초기에 배우자고 했더니 '그것은 빨갱이 노래'라고 거부했다.

파업한 지 며칠 되었을 때, 강의를 하다가 내가 '강의 듣는 것도 지루한데 노래 한마디 할까?'라고 박수를 유도한 뒤에 부른 것이 〈늙은 군인의 노래〉이다. 투쟁가 식으로 부르지 않고 꺾기 창법으로 구성지게 불렀다. 그리고 가사에서 '군인' 부분을 '노동자'로 바꾸면 우리 노동자 입장과 똑같다며 일러주고 가사를 바꾼 노래를 불렀더니 호응이 높았다. '바로 이것이다' 판단하고 〈늙은 노동자의 노래〉의 가사를 대자보로 써서 가르치고 부르고, 그다음에는 행진곡풍으로, 그 노래 배우고 나서는 슬슬 여러 투쟁가를 부담 없이 받아드리게 되었다. 몇 년이 지나서도 여전히 코리아스파이서는 〈늙은 노동자〉가 〈애국가〉처럼 노동조합 행사의 주제곡이 되었다.

당시 코리아스파이서에서는 가족 투쟁도 처음 시도했다. 저녁에 해가 지고 서늘해질 때쯤 공장 앞 넓은 마당에서 가족 노래자랑 대회를 열어서 동참시키는 것이다. 가두 투쟁은 전 조합원이 지게차를 앞세우고 삼산동 공장 문을 출발해서 부평IC를 돌았다. 지금의 갈산역 사거리 돌기 전에는 '태연물산'에서 농성하는 노동자에게 그 공장 정문 앞에서 구호로 격려하기도 했다.

회사와 타협이 진전이 없자 노동조합 지도부(비상대책위원회)는 서울 종로에 있는 본사를 점거 농성하기로 전술을 짰다. 그러자 이 정보를 접한 경찰서는 점거 농성을 하러 갈 때마다 전경을 대거 동원해서 공장 앞 길목을 차단하였다. 전경하고 몸싸움을 하든가 때로는 비폭력으로 대치했다. 이때 내가 메가폰을 들고 전경 부대의 대오 앞에 다가서서 "여러분도 제대하면 코리아스파이서에 입사할 수 있다. 노동조합이 입사하는 사람들의 초봉을 인상시켜야 한다고 요구하는 것은 결국 여러분들을 위해 투쟁하는 것이나 다름없다. 이렇게 길목을 막고 방해하면 안 되지 않겠냐"고 설득했다. 얼마 있다가 전경들은 철수했고 그 이후로는 다시 오지 않았다.

코리아스파이서 노동조합은 87년 투쟁에서 당시 노동조합 집행부를 어용으로 퇴진시키는 과정까지 성공시키고 종료되었다. 이어서 노동조합은 새로운 집행부 구성을 위해 위원장 선거를 치뤄야 했다. 이 기회에 내가 정식 조합원이라는 것을 대내외로 확인시키기로 하고 위원장 후보로 등록했다. 물론 회사의 간섭도 들어올 상황이 아니어서 방해는 없었다.

파업 농성 기간 동안에 그나마 조합원들의 의식은 변화가 있었지만 아직은 "노동조합이 과격하면 회사가 망한다"는 슬로건은 유효했고, 역시 동네 반장 선거도 조직이 작동되어야 하듯이 5년 이상을 조합원과 격리된 상태에서 조직 작업을 할 수 없었던 현실은 넘지 못하고 위원장 선거에는 실패했다. 예상된 결과이지만 그래도 해고된 상태에서 노동조합의 위원장으로 선출된다면 그 또한 최초의 사례가 될 수 있다는 바람도 있었다. 그렇게 된다면 회사의 의지가 아니라 노동조합을 통해서 복직한다는 것이기 때문에 의미도 매우 크다고 할 수 있지만 거기까지는 못 갔다. 그리고 4년을 더 기다린 후에 복직해서 공장에 돌아와 해고 전에 담당했던 내 기계에서 1년 넘게 현장 노동을 하고 난 후에야 노동조합 대표가 되었다.

추가 임금 청구 소송은 대법원 판례로 기록

해고가 무효라고 법원이 판결한 것은 그날부터 무효의 효력이 발생하는 것이 아니라 사용자가 해고를 시킨 징계가 무효라고 하는 것이기 때문에 종업원으로서의 지위가 정지되었다가 복원된 것이 아니라 계속 유지되는 것이라는 의미이다. 징계 효력이 원천적으로 없다는 것이므로 박남수는 그냥 1975년 입사부터 계속 근무하고 있는 것으로 회사는 인정해야 한다. 그러므로 회사는 해고 기간 동안에 개인 호봉의 자동 증급에 따른 임금이 상승된 부분을 비롯해서 단체협약에 따른 임금 인상된 금액을 지급해야 하는데, 복직도 시키지 않고 해고무효확인의 소송에서 판결된 82년도 해고 당시의 평균임금만을 지급하고 있었다.

해고일부터 1987년도 초임 당시까지 임금 인상분을 계산해 보니 1,000만 원이 넘었다.

1986년 말에 인천지방노동위원회에 기왕에 해고무효 확인 소송의 판결에 나온 해고 당시의 평균임금을 기준으로 회사가 지급하고 그 이후에 발생한 임금 인상분은 지급하지 않은 것에 대해서 '근로조건 위반으로 인한 손해배상 청구'를 신청한 것이다. 한 달이 지나 해를 넘긴 다음 해 1월에 인천지방노동위원회는 '각하' 결정을 했고 이를 불복해서 중앙노동위원에 재심 신청을 했으나 역시 기각됨에 따라 이 중앙노동위원장을 피고로 하여 서울행정고등법원에 '재심 신청 기각 취소 청구' 소송을 접수시켰지만 그해 말에 패소를 당했다.

근로기준법에 근로조건으로 인한 손해배상에 관련된 규정을 근거로 노동위원회에 신청하는 제도는 있으나 당시까지 이 법을 근거로 손해배상을 받은 사례가 한 번도 없었다. 대법원 상고는 의미가 없다고 판단하고 포기했다. 그 대신 민법상 손해배상을 근거로 하는 민사소송으로 방향을 바꿨다.

손해배상 판결 관련 신문 기사

　추가 임금 인상분 청구 소송의 과정은 한 마디로 파란만장이었다. 앞서 노동위원회의 제도를 이용했던 세 번의 기관을 거친 것 외에 민사소송에서는 1심 재판은 서울지방법원에서 시작해서 2심은 서울고등법원 그리고 3심 대법원에 올라갔다가 파기환송 되어 다시 지방법원으로 해서 고등법원을 거쳐 대법원까지 3심제를 두 번을 돌고 나서야 끝이 났고 소위 기판력을 넘는 대법원 판례가 되었던 소송이었다.

　민법상 불법행위로 인한 손해배상 규정을 근거로 한 소송은 1987년 4월에 당시 회사는 본사를 서울 종로로 옮겨가 있었기 때문에 서울민사지방법원에 소장을 접수시켰다. 7번의 심리 끝에 그해 10월에 난 선고에서 '각하'를 당했다. 이유는 해고무효 소송에서 해고 기간 동안의 받아야 할 임금을 청구해서 1일 12,110원을 지급하라고 판결이 확정되었는데 다시 추가로 임금을 청구하는 것은 기판력에 저촉되니 청구를 받아들일 수가 없다는 것이다.

민사소송에서 '각하'라는 판결은 형식적인 요건도 갖추지 못하고 적법하지 않은 내용이므로 더 따져보지 않고 재판을 끝낸다는 의미이니 '기각'이라는 판결보다 낮은 수준이다.

다만 해고 때문에 정신적인 고통을 받았다며 청구한 위자료 부분은 승소했는데, "회사는 박남수의 해고 처분이 무효가 되어 근로계약이 존속됨에도 불구하고 근로계약을 부인하는 단순한 채무불이행의 단계를 넘어서서 복직시키지 아니함으로 해서 하나의 인격으로서 갖고 있는 명예 감정을 손상하게 한 불법행위를 구성하였으므로 정신적 고통에 대한 위자료를 지급하라"는 판결이다. 해고된 노동자에게 위자료를 지급하라는 최초의 선고이므로 의미가 있었다.

서울고등법원에 위자료 부분은 빼고 항소를 했더니 해를 넘긴 1988년 3월 말에 역시 "기판력에 저촉된다"는 이유로 기각 판결을 받았다.

바로 대법원에 상고장을 접수했다. 상고 이유에서 "기판력에서의 임금 내역은 해고라는 불법행위에 따른 것이고 이번 사안은 복직시키지 않은 불법행위에 따른 것이어서 기판력과는 상관이 없다"라는 주장을 전개했다. 다시 말해서 해고무효의 판결에서 인정한 임금은 징계해고가 무효이기 때문에 인정한 금액이고 이번에 청구한 내역은 해고가 무효라고 하는데도 복직시키지 않은 불법이 있으므로 그 불법에 근거한 것이기 때문에 별개의 사안이므로 기판력에 적용받지 않는다는 주장이다. 얼핏 보면 같은 것 같은데 자세히 따지면 아주 미세한 차이를 들춰내어 법리를 구성한 것이다.

험난한 이 과정에서 복잡한 온갖 법리를 다 끄집어내어 '소변경신청', '주위적 청구 외에 예비적 청구'를 비롯한 장문의 준비서면 등을 작성해서 법원에 제출했다. 이 손해배상 소송에서 수많은 판례들을 찾아보고 머리를 짜내 이론을 정리하고 자문을 해준 사람은 이경우 변호사이다.

대법원은 1년 가까이 지난 1989년 3월 말에 드디어 환상의 법리를 펼친 선고를 했다.

"두 개의 소송이 동일한 법률 사실에 기하고 있다 하더라도 청구원인이 다르다면 그 소송물은 서로 별개라 할 것이다"라고 판단하면서 재판을 아예 '각하'를 선고했던 서울민사지방법원으로 파기환송시켰다. 대법원의 판결 이유는 명쾌하다.

"판결이 확정된 전소는 해고 기간 동안의 임금을 종전 임금에 따라 청구한 것인데 대하여 이 사건 청구는 복직 의무 불이행 또는 복직 거절로 인한 임금 상승 누락분을 손해금으로 청구하는 것이어서 양자는 청구 취지와 청구 원인이 전혀 달리하고 있어 소송물 또한 별개임이 명백하다. 이 사건 청구들은 위 확정판결의 기판력에 저촉되어 허용될 수 없다고 판단하였으나 이는 소송물의 동일성에 대한 법리를 오해하여 이점을 탓하는 논지는 이유 있다. 1심 판결 중 원고의 청구를 각하한 주문을 취소하여 사건을 1심 법원에 환송한다."

즉, 해고라는 불법행위와 복직시켜야 할 의무를 이행하지 않은 불법행위는 별개의 사안이므로 기판력을 적용할 수 없다는 판례이다.

서울민사지방법원으로 되돌아온 재판에서는 그해 10월 말경에 마지못해 원고 승소 판결을 했지만 전부 인정한 것이 아니라 손해배상액에서 과실상계 논리를 도입하여 30%를 깎는 판결을 선고했다.

그러면 또 항소해야 한다. 그해 말에 시작한 서울고등법원의 재판에서 "지방법원이 적용했던 과실상계 관해서 복직시켜야 할 의무를 이행하지 않은 불법행위는 회사의 전적인 잘못인데 노동을 제공할 방법이 없는 노동자에게 과실이 있다는 것은 잘못된 법 해석이다"라는 주장에 집중했다. 해를 넘겨 1990년 3월에 서울고등법원은 과실상계도 잘못되었다는 선고를 하여 완벽한 승소가 선고되었다. 회사는 대법원에 상고했지만 그해 8월에 기각 선고를 하면서 긴 여정은 끝났다.

아니 완전히 끝난 것은 아니다. 민사소송에서 금액의 청구는 특정해야 한다. 즉, 해고 이후부터 이 사건을 제기하기 직전인 1987년 3월 30일까지 지급하지 않은 금액을 산정해서 그 총액을 특정해서 청구해야 하므로, 임금 인상 내역은 그 이후로도 계속되었으니 그 부분에 대해서 다시 소송을 제기해서 판결을 받아야 하는 문제가 남아 있는 셈이다. 그러나 이 문제는 앞서와 반대로 기판력의 적용으로 따져볼 필요도 없이 승소하는 그야말로 '꽃놀이 패'이다.

실제로 다시 재판을 걸었고 복직하고 나서도 종결되지 않았기 때문에 근무 중에 회사가 제공한 승용차로 법정에 나가 소송을 진행했었다.

결국 회사는 항복하고 소송비용까지 인정하면서 청구한 모든 금액을 지불하는 조건으로 1991년 초에 합의하면서 지루하고 긴 법정투쟁은 막을 내리고 이어서 공장으로 돌아가면서 내 삶은 새로운 무대로 옮겨졌다.

VI. 해고 기간 동안 돌아다녀 본 사회

한국노동자복지협의회 운영위원 및 법규부장

　박정희 정권에서는 몰락되는 불씨가 되었던 YH 가발공장에서 발생한 사건에서 보듯이 노동조합은 헌법이 보장한 단체행동권은 삶을 포기 당하거나 노동3권 중 나머지마저 제대로 행사하지 못한 절름발이 어용이 되거나 양자택일이었다. 동일방직에서나 원풍모방 등 주로 여성 노동자 사업장에서 수많은 노동조합 활동가들이 해고자가 되었다. 전두환 정권에서는 더욱 야만적인 공권력의 폭력이 전개된다. 그때 민주노동조합을 추진했던 조직의 핵심들이 모여서 1983년 '한국노동자복지협의회'라는 단체를 창립했다. 최순영(YH), 양승조, 민종덕(이상 청계피복), 이총각(동일방직), 방용석, 박순희, 정선순(이상 원풍모방), 이영순(콘트롤데이터), 조경수(동남전기), 배옥병(네오파스), 유동우(삼원섬유), 남상현(고려피혁), 김문수(한일도루코), 조금분(반도상사) 등 해고된 노동자들이 주축이 되었는데 여기에 해고무효 소송에서 승소로 이어가는 나도 포함된 운영위원회는 방용석을 위원장으로 구성하고 이사장으로 지학순 주교를 세우고 이창복 씨를 사무국장으로 전면에 내세워 공개적인 활동을 전개했다.

　전두환 시절에 최초로 조직된 재야 단체라서 긴장감을 가지고 영등포 영일동 사무실을 들락거렸다. 나는 여기서 법규부장으로 노동법 개정 운동을 전개하면서 법 개정안을 마련해서 국회 노동분과위원회에 청원하기도 했지만 관철되지는 못했다.

한노협 운영위원들

이경우 법률사무소 노동상담실장

내가 해고무효 확인 소송을 하면서 처음에 집중적으로 법률 상담을 해주고 기초를 잡아준 김상철 변호사 사무실의 김정환 실장은 요양을 한다고 오랫동안 시골에 가 있다가 어느 정도 회복되었는지 사무실로 다시 출근한다고 해서 찾아갔다. 그때는 해고 소송이 대법원까지 끝난 상태에서 심적으로 여유가 있었을 즈음이었고 그동안 법정 싸움 과정도 보고하면서 자랑스럽게 얘기를 나누다가 갑자기 술 한 잔이라도 대접하고 싶다는 생각이 들었다. 퇴근길에 같이 나와서 개봉역 부근의 식당에 들렀다. 몸에 좋다는 보신탕을 시키고 소주도 곁들였다. 김 실장은 처음에는 주춤거리더니 내 분위기를 올려주고 싶은 지 몇 번이고 건배 잔을 부딪쳤다. 김정환 씨는 서울법대를 다니다가 시내버스 회사의 차량 정비공으로 취업하였다. 겨울에 운행을 끝낸 시내버스가 종점 주차장에 세워져 있을 야간에 아무런 난방 조치 없이 야외 콘크리트 바닥인 버스 밑에 드러누워서 정비를 해야 했다. 등짝으로부터 스며드는 영하의 추위를 견디기 위해 안주 없이 소주 한 병을 마시고 그 열기로 버티며 노동을 하다가 병을 얻었고 나름대로 투병 생활도 열심히 하였다고 한다.

나는 그런 사실을 까맣게 모르면서 술을 나누고 난 후 한참 동안 만나러 가지 못했는데 나중에야 그분이 간경화증이 악화되어 돌아가셨다는 소식을 접했다. 이때 나는 술 좋아하는 내가 원망스러웠다.

박원순 변호사 사무실에 같이 있던 이경우 변호사가 독립해서 사무실을 개소하면서 나에게 노동 상담을 담당해 달라는 부탁을 해 왔다. 재판 좀 해봤다는 경험 정도를 가지고 무슨 상담을 하겠느냐고 자신도 없었고 평생을 서서 하는 노동만 해온 자세로는 의자에 앉아 있지 못할 것이라고 사양하다가 김정환 실장의 은혜를 같은 노동 상담을 통해서 갚아야겠다는 생각을 하였다. 영등포 문래동 남부지방법원 정문 앞 사무실에서 3년 정도 노동 상담을 하다가 하종강 현재 성공회대학 교수에게 자리를 넘겼다.

노동과 건강 연구회 공동대표

이경우 변호사 사무실에서 상담실장을 할 때에 보수는 없었다. 해고 소송으로 임금 형태의 급여를 수령할 수 있었기 때문이다. 다만 활동비와 업무추진비 형식으로 얼마 정도는 받았지만 생활비로 쓰지 않고 말 그대로 활동비로 사용했다. 복직을 하려면 작은 꼬투리도 잡혀서는 안 되니 이름도 박종일로 바꿨다. 초기에 우리나라 노동문제는 내 짧은 경험으로 부당노동행위가 부당 해고가 대부분이라고 생각했었는데 실제 상담의 내용은 물론 재판 의뢰도 산업재해가 대다수였다. 이 일은 어쩌면 제격이었다. 당시 산업재해로는 제조 공장에서나 광산에서 발생하는 것이 많았다. 공장에서 발생한 산재 사고는 철저한 조사를 통해서 기계 원리나 산재 원인을 찾아서 사용자의 잘못을 확인하는 과정은 공장 기계 기술자였던 나로서는 적절한 상담이 가능했다.

프레스 작업공정에서 전기 오작동으로 산재 사고가 나서 손이 절단되어 재판을 할 때 현장 경험을 활용하여 아예 모형을 만들어 재판과정에서 오작동 시연을 통해 재판정에서 판사에게 보여 주고 설명하면 사용자의 과실을 밝히는데 효과가 좋았다. 본인의 해고무효 소송에서 승리하기 위해 공부한 법률 지식과 오랫동안 현장에 있었던 경험이 더해져 유효한 법률 자문을 할 수 있는 이는 당시 여타 법률 사무실에서는 하기 힘들었던 방법이다.

산업재해 문제에 대한 관심이 늘어나자 노조에서 법률 자문 의뢰를 하는 경우도 늘어났다. 이 과정에서 박남수는 노동 현장에서 산업재해 문제가 훨씬 심각하다는 것을 깨닫고 이 분야에 더 적극적으로 관심을 가지게 되었다.

1988년 원진레이온이라는 공장에서 이황화탄소의 집단 중독 사건과 초등학교 6학년 마지막 방학 때 들어가 온도계 공장에서 수은 중독으로 사망한 문송면 사건도 초기에 내가 상담했다. 사고성 재해도 인정받기 힘든 시절에 직업병이란 단어조차 생소할 정도로 관심 밖에 일이었는데 이 사건 이후 직업병 문제에 대해 체계적인 대응을 하자고 법조인, 의료인, 약사 등이 모여서 '노동과 건강연구회'라는 단체를 만들어 나는 양길승 의사(녹색병원 전 원장)와 초대 공동대표를 맡아 활동하기도 했다. 전국 사업장을 돌며 산재 예방 교육 강사 활동을 하기도 했다. 그리고 '산재노동자협의회'를 조직하여 발족시켰다.

'노동과 건강연구회' 시절에 노무현 국회의원으로부터 점심 식사를 하자는 연락이 와서 만났더니 현금 백만 원을 산재 추방 운동에 써달라고 기부를 해줬다. 당시로는 적지 않은 금액이어서 선뜻 받지 못했다.

"이렇게 많은 금액을 기부하셔도 의원 활동에 지장이 없습니까?" 물었더니, "어느 분이 좋은 데 쓰라고 해서 노동자의 건강 운동에 사용하는 것이 제일 좋겠다고 생각을 했습니다"라고 했다.

이미 청문회 스타로 외형은 알려졌지만 이리저리 쓸 일 많은 의원이 본인이 사용해도 무관할 텐데 기부자의 뜻을 굳이 지키려는 내면을 보면서 이분은 참 진국이라고 생각되었다. 거기다가 식당의 어린 여직원에게 존댓말을 깍듯이 쓰는 것을 보면서 나도 그때부터 흉내를 내려고 노력하고 있다.

그 후 전국 보건의료 단체가 주관한 산업안전보건법 개정 공청회에 내가 발제를 맡으면서 노무현 국회의원을 패널로 토론에 초청하였다. 다른 이야기이긴 하지만 여의도 여성회관에서 열린 이 토론회에는 당시 전국노동조합협의회(전노협)의 단병호 의장과 한국노총의 산업안전국장이 참석하였는데 아마 이때가 노총과 전노협이 한자리에 처음 앉았을 것이다.

내가 회사에 복직해서 노동조합의 대표로 활동할 때 이런 인연을 핑계 삼아 노무현 변호사(당시는 국회의원이 아니었다)를 조합원 교육에 강사로 초청하기도 했다.

경제정의실천연합 노동분과 위원장 겸 중앙상무위원

1989년 경제정의실천연합(경실련)이 시민운동단체로 설립 준비를 하던 서경석이 노동조직과 함께하자며 동참을 제안해 왔다. 노동계 한편에서는 노동운동가가 왜 개량적인 운동에 들어가느냐고 일부 비판도 있었지만 나는 노동운동과 시민운동의 결합이 반드시 필요하다는 생각이 들었다. 노동자 투쟁 때 더욱 느끼게 되었지만 싸우는 건 노동자뿐이고 시민은 구경꾼이거나 어떤 때는 적대적으로 이어져 반목하기까지 된다는 사실이 매우 답답하였다. 노동운동이 시민들의 지지를 받고 더 나아가 연대해야 더 큰 힘을 발휘할 수 있고 그래야만 세상을 바꿀 수 있다는 생각이었다. 마침 경실련에는 유명한 경제학자나 회계사 등 전문가들이 많이 있어서 이 전문가들을 활용하여 노동경제학교를 개설하고 전국의 노동조합 간부들에게 기업 재무 체표 분석 방법을 교육함으로 자기 회사의 재무 구조를 파악할 수 있는 능력을 제고시키는 사업을 진행하였다. 또 당시 경실련이 추구했던 것은 토지 공개념과 공정과세 촉구 운동을 전개했었는데, 이와 때를 맞춰 나는 노동자들도 공정과세에 주체가 되어야 한다고 생각했고, 지역을 순회하며 노동조합과 결합해서 공정과세 촉구 노동자 대회를 개최하고 있었다.

공정과세 촉구 노동자대회

VII. 복직!
― 한 노동자의 복직이 무슨 뉴스라고 중앙 일간지에

내가 공정과세나 산업안전보건법 개정 문제로 전국 단위의 집회를 준비할 때였다. 1990년 11월, 회사 총무이사가 저녁 식사를 하자고 해서 웬일인가 하고 만나 봤더니 복직을 시키겠다고 한다. 갑자기 무슨 일이냐고 물었더니 머뭇거리더니 "정보기관에서 당신 너무 나돌아 다닌다고 잡아두라는데…" 했다. 마침 그때 경실련에서 태국의 방콕 시장인 잠롱이 청백리의 표본이라고 초청을 했는데 재야 인사들과 오찬 회동을 준비하는 실무팀에 참여하고 있어 그 행사가 끝날 때까지 기다려 달라고 했더니 순순히 승낙한다. 이로써 사회 활동은 모두 정리하게 되었다.

회사에 출근해서 작업복을 수령하고 내가 담당했던 기계 앞에 서서 감개무량해하면서 동료들과 인사를 나눴다. 이때 정문 경비실로부터 면회를 왔다고 연락이 와서 나가보니 「한국일보」 기자가 취재하러 왔다고 인사를 한다. 대화를 나누는 중에도 직장 동료가 다가와서 반갑다고 악수를 하니까 사진을 찍기도 하더니 그다음 날 기사가 지면에 게재되었다. "9년 만에 복직, 작업복 다시 입다"라는 제목으로 어제 악수하는 사진도 실렸다. 이 시절에는 해고되었다가 복직되는 사례가 전혀 없었으니 어느 노동자 하나가 복직되었다고 기삿거리가 되는 세상이었다.

'다시 입은 작업복', 노동자의 정장은 작업복이라는 생각을 해고된 후부터 머리에 박아 두었다. 복직하고 난 다음에도 여전했다. 회사

복직 신문 기사 모음

일로 외출 나갈 때는 꼭 작업복을 입고 다녔다. 지금의 작업복은 디자인이 세련되어 회사 유니폼 수준이어서 외출복으로 어색하지 않지만 90년대까지만 해도 말 그대로 노동할 때만 입을 수 있는 정도로 만들어서 볼품은 없었다.

재판을 받으러 법정에 나갈 때도 꼭 입었던 작업복을 이제는 복직해서 노동을 하면서 편하게 입을 수 있다는 게 얼마나 떳떳한지 다른

복직 인터뷰: 월간 「경제정의」

사람들은 잘 모를 것이다.

며칠 후 사장이 차 한잔하자고 비서가 데리러 왔다. 현재 사장은 해고 당시 사장이 아니다. 소속 그룹도 변경되었고 사장도 4명이나 교체되었다.

사장은 "회사가 박남수 씨에게 불편하게 해서 사장으로서 매우 미안하게 생각합니다" 하고 말했고 나는 "사과할 필요가 없습니다. 회사 덕분에 급여를 받아 가면서 세상 물정을 넓게 바라볼 수 있는 기회를 주셨는데, 유학 갔다 온 기분이어서 감사하고 있습니다" 하고 대답했다.

다음 해에 노동조합 위원장에 선출되었다. 3년 후인 1995년 3월 위원장 임기를 마치면서 15년 동안 노동운동을 했던 일선에서 한발 물러났다.

의정활동

지방자치 활동 — 부평구 의원

그때 마침 지방선거가 있었고, 지역 인사들의 권유로 기초의원에 출마하게 되었다. 모금으로 495만 원을 지원받고 '노동자의 정치세력화'라는 담론을 가지고 노동자 후보로 뛰었다. 당시에는 선거운동 중에 합동연설회가 있었다. 상대 후보는 주유소 사장 아들이라 지역을 꽉 잡고 있었다. 거기다 한나라당에서 밀어주고 있어 그쪽이 다 된다고 하는 분위기였다. 부녀회의 말발이 좋은 아주머니를 모두 동원했다. 이에 반해 토착 조직이 약한 나는 유세로 대항하였다. 연설회 단상에서 차별화 시도는 유효했다. 유세만 시작하면 분위기가 바뀌었다. 골목골목과 아파트 단지 앞이나 놀이터에서도 노동조합 위원장 시절의 선동연설 실력을 발휘해서 분위기를 살렸다. 개표 당일, 밤 11시쯤 투개표가 끝났을 때 자원봉사자들이 더 기뻐해 줬다.

당선될 수 있을까 하는 우려와 달리, 지역과 노동자 조직 기반이 튼튼했던 덕분에 그해 5월 부평구의원에 당선되었다. 한 번 더 연임하여 2002년까지 구의원 활동을 했다. 구의원 시절에는 처음 회의 자리에서부터 지방 행정의 문외한일 것으로 생각한 고위 간부의 언행을 심하게 몰아붙이는 '과격한 활동'(?)을 해서 시선을 모아 사회산업위원회에서 초선인데도 간사로 선임되기도 했고 그다음에는 같은 위원회의 위원장으로도 선출되어 활동했다. 다들 "노동자 출신 구의원 둘만 있으면 의회가 뒤집어지겠다"고 공공연히 인정하는 분위기였다.

민주주의와 대의제도를 가장 정확하게 학습하고 실천하는 조직은 우리나라에서 노동조합뿐이라는 사실은 지방자치 활동을 통해서 확신할 수 있었다.

1988년도에 공무원 직장협의회 제도가 도입될 때 부평구청 내 공무원 중에 은밀하게 조직을 준비하던 사람들이 나를 찾아와 도움을 청했다. 의원 중에 노동조합 활동을 한 유일한 경험자이기도 하지만

하급직 공무원들에게는 신뢰가 있었기 때문이다. 우선 핵심 간부들을 강화도 민박집에 몰고 가서 1박2일 합숙 교육시키며 '정관' 초안을 작성했다.

당시 공무원 직장협의회 모범정관이 있었지만 나름대로 미흡하다고 생각되어서 상당 부분을 수정했는데 그중에 중요한 내용은 지도위원의 제도를 두어 구청 직원이 아닌 인사라도 위촉할 수 있는 규정을 넣어서 보호막 역할을 할 수 있도록 했다. 그리고 구의회 의장을 설득해서 나와 함께 지도위원으로 직접 참여 했다. 구청 직장협의회는 당연히 구청장과 대립각이 형성되었는데, 구의원들이 지도위원으로 지원하고 있어 함부로 다루지 못하게 한 것이다.

그런 과정을 거친 당시 부평구청직장협의회는 전국에서도 가장 활발한 활동을 한 조직으로 평가되었다. 예를 들면 구청 청사 내에 있던 기자실을 직장협의회가 강제로 폐쇄시킬 정도로 강력한 투쟁력을 발휘했다.

전국 최초로 지방자치단체장의 판공비(업무추진비)의 사용 내역을 감사했는데, 언론사 기자들에게 정기적으로 촌지를 지급한 사실을 밝혀서 공개하였다. 당연히 나는 구청장과 기자들에게는 불편한 관계가 형성되었다.

환경 운동과 하천 살리기 운동

경인 지역의 어느 신문에서는 박남수를 매도하는 기사를 사회면 톱기사로 연재하듯이 보도한 적이 있었다. 생활 쓰레기 문제는 1990년

굴포천살리기 임원들

대 후반부에 전국 어디나 골치 아픈 과제이다. 인천에서도 시민운동 차원에서 이 문제를 고민하고 있을 때 음식물 찌꺼기 퇴비화 사업을 추진하면서 경인고속도로 부근의 사용하지 않는 도로부지를 구청으로부터 임대하여 개발하도록 주선해 주었다. 그런데 분리수거 제도가 도입되면 처리량이 줄어들어 수입이 감소된다고 판단한 청소업체와 결탁한 어느 신문사가 도시에 혐오시설을 설치한다고 연재 보도를 하여 지역 주민으로부터 엄청난 원망을 듣는 사태에 이르렀다. 이에 언론중재위원회에 제기해서 정정보도를 받아내기는 했지만 인격적 피해는 적지 않았고, 일부 기자들과의 관계도 불편했다.

환경에도 관심이 많았던 나는 1990년대 후반부터 도시 하천 복원사업의 일환으로 '굴포천 살리기 시민모임'이라는 환경단체를 조직하고 집행위원장으로 활약했다.

오염도가 전국 하천에서 BOD 수치로 가장 높았으니, 생물이 살기는커녕 악취가 극심하던 굴포천은 2006년 생태하천 조성사업이 이뤄져 지금은 다양한 민물고기가 서식하는 자연형 하천으로 변했다. 더 나아가 인천 전체 하천을 살리자고 설립된 '인천하천살리기추진단'에서 하천네트워크 위원장으로 활동하기도 했다.

그리고 "지속 가능한 사회"라는 주제를 실현하기 위한 아젠다 기구인 '인천의제21'를 초기 추진위원회와 준비위원회에 참여하면서 설립에 힘을 보태면서 물·생태분과위원회 위원으로 '세계 물의 날' 인천광역시 행사를 부평구에 유치하고 주관하여 굴포천 복원 사업에 기폭제를 만들기도 했다. '부평의제21실천협의회' 설립에는 인천 가톨릭의 대부였던 김병삼 신부님과 신종철 목사님, 임남재 원장님 등 지역 인사들의 지원을 받아 2003년부터 추동해 초기부터 10년간 활동하였다.

그러나 민간 거버넌스를 지원하거나 협조해야 할 구청장과 소위 운동권 출신이라는 자들이 견제를 한다는 느낌이 들어 이제는 그저 구경이나 하기로 했다.

굴포천살리기 - 세계물의날 행사

지금은 동네 실버들과 음악 밴드를 만들어 보컬을 맡았다가 나이가 들어가면서 목소리가 굳어져서 이제는 베이스를 배우고 있다.

"인천은 노동운동의 성지와도 같은 곳이다. 여기에 노동박물관이 있으면 좋겠다고 생각하지만 주변에서 별로 반응이 없어서 궁리만 하고 있다. 박물관에는 소극장을 만들어 학술대회를 열기도 하고 행사가 없을 때는 노동자나 그 가족이 배우가 된 연극을 볼 수 있다면 좋겠다. 노동운동의 역사 관련 자료들을 모아 전시하면서 연구원들에게 제공할 수 있는 그런 공간이 인천에 만들어지면 참 좋겠다"는 꿈은 아직 버리지 않았다.

VIII. 후기: 돌아 본 삶

    몇 년 전부터 내가 살아온 지난 과정들을 되돌아보면서 캐비닛에 처박혀 있는 자료들을 정리하고 다시 볼 이유가 별로 없는 자료나 책들은 버리는 작업을 해야겠다고 생각하고 있던 차에, 여기 '성찰 글쓰기 모임'에 참여하게 되었다.

    새로운 것에 도전하는 것은 역시 어려운 일이다. 우선 '글쓰기'는 쉽지 않다. 문장 하나를, 한 줄의 글을 쓰는데도 어느 때는 한두 시간을 끙끙거린다. 기억을 불러오는 것도 만만하지 않고, 몇십 년 처박아 두었던 자료들을 찾는 것도 힘들다.

    이런 사연은 기록하면 좋겠다 싶어서 예전 기억을 더듬어 그때 내 옆이나 등 뒤에서 어깨를 도닥거리고 밀어주던 사람들을 소환하다 보니 이미 곁에서 없어진 사람들이 참 많다. 각기 세파에 밀려 지금은 어디에서 살고 있는지 소식도 끊어진 동지들과 동료들에게 너무 미안한 생각이 나서 하던 작업을 멈춘다. 무슨 면목으로 그 이름을 여기에 적을 수 있을까.

    불이익을 각오하고 내 재판에 증인이나 확인서를 작성하거나 동의하고 서명해 줬던 고참들, 모진 시달림을 당하던 젊은 친구들, 내가 공장에 복직했을 때는 그중에서 적지 아니 떠나고 없었다. 나는 개선장군처럼 돌아왔지만 걸음걸음마다는 이 동지들을 밟고 올라선 것인데 그 고마움을 갚지 못하고 살아온 셈이다. 혹시나 그들이 이 글을 볼 수 있다면 동지들 덕분으로 이길 수 있었음을 잊지 않고 그대로 간직하고 있다고 전한다.

해고무효 소송이 끝났을 때 곧 복직이 될 것으로 생각하면서도 내심 걱정이 생겼다. 복직을 시켰다가 얼마 후에 다시 해고하면 또 소송을 해야 하고, 그러면 2, 3년이 걸리는데 어쩌면 회사 경영진들은 그게 유리할 수 있을 것이라고 생각할지 모른다. 그래서 1심에 승소한다 하더라도 가집행을 선고받을 때까지 수입이 없으니, 집안은 계속 엉망진창인 상태일 것이고 그것을 어떻게 감당할 수 있느냐였다.

지난번이야 멋도 모르고 식구들이 버텨 주었지만, 그 고생을 다시 해야 한다면 나는 포기할지도 모른다고 생각이 들었다. 그래서 대책을 세워야겠다고 궁리한 결과, 공인중개사 자격을 따야겠다고 결심했다. 어렵다고는 하지만 달리 뾰족한 대안이 없었다. 해고 되면 사무실 하나 열어놓고, 적당한 수입은 가능하니 최소한 생계는 해결하고 그러면서 소송을 하면 한결 편할 것 같았다.

밤늦도록 불을 켜고 공부하는 모습이 아들에게도 무엇인가 좋은 변화가 있을 것 같다는 기대가 들었나 보다. 초등학교 6학년 때 반장이 되었는데 학부모가 인사도 오지 않으니 궁금했는지 어느 날 담임선생님이 아버지는 무슨 일을 하느냐고 직업을 물어봤는데 아들은 차마 해고된 노동자라고 대답할 수 없었다. 그나마 내세울 것은 지금 뭐가 되려 하는데 그것이 대단하다고 생각이 되는 것뿐이다. "아빠는 공인중개사 시험공부를 한다"고 자신 있게 대답했다. 그때가 마침 시험 보는 며칠 전쯤이었는데 시험 결과가 발표된 다음 날 학급 조회 시간에 담임선생님이 느닷없이 아들을 부르더니 "아빠, 공인중개사 시험은 어떻게 되었니?" 물었다. "합격했습니다"라고 힘차게 대답했는데 돌아온 말은 동현이 아빠는 이제 복덕방 한다였다. 반 아이들은 까르르

하천살리기 시절 박남수

웃었고 아들은 무엇인가 잘못되었다고 생각되면서 순간적으로 창피를 느꼈다고 한다.

아들이 초등학교를 졸업하면서 그래도 6년간 지도받은 은혜를, 6학년 담임선생님 한 분을 대표로 생각하고 식사 대접을 했는데 그 자리에서 선생님이 "동현 아버님은 대단하십니다. 나는 그 시험에서 실패했습니다." 이어서 "정년이 얼마 남지 않아서 그때를 대비하려고 했지요" 고백했다.

또 해고될까 봐 나도 그렇게 대비했지만 그런 일이 생기지 않아 그 수고는 헛것이 되었다.

가장 존경하는 담임선생님에게 칭찬받은 덕분에 아빠의 체면이 약간은 살아날 수 있었지만, 가장의 해고는 그 기간 내내 가족 모두가 기를 펴지 못하고 생활하게 만들었다. 딸은 몇십 년이 지났는데도 지금도 초등학교 입학할 때 가방을 새로 사주지 않고 오빠 것을 물려받았던 섭섭했던 기억을 말한다.

가장 때문에 받은 고통을 탓하지 않고 묵묵히 지켜봐 주고 믿어주었던 가족들에게도 항상 고마웠다고, 여기에 적는다.

박남수 연표

1945	출생
1970	동양워너공업(주), 현대양행 군포공장 등 재직
1975	코리아스파이서(주) 입사
1980	코리아스파이서노동조합 부위원장
1982	코리아스파이서(주) 해고
1984	한국노동복지협의회 운영위원 및 법제부장
1984	해고무효 확인의 소 승소 대법원 확정
1988	노동과 건강연구회 공동대표
1989	경제정의실천시민연합(경실련) 노동분과위원장
1990	코리아스파이서(주) 복직
1992	코리아스파이서노동조합 위원장
1995	인천광역시부평구의회(2, 3대) 사회산업위원장
2001	굴포천살리기시민모임 집행위원장(현)
2002	인천의제21실천협의회 물·생태분과 위원회 부위원장
2004	인천광역시하천살리기추진단 하천네트워크 위원장
2005	부평의제21추진협의회 굴포와자연분과 위원장/운영위원장
2010	그린스타트부평실천단 단장
2013	인천광역시의회 의정발전자문위원(현)
2022	인천광역시교육청 노동존중위원회 부위원장/실무추진단 단장

2부

당당하고 행복한
노동을 꿈꾸며

나지현

I. 어린 시절 그리고 중고교 학창 시절

어린 시절 보광동에서

나는 1961년 서울에서 태어났다. 기억날 때부터 엄마와 단둘이 살았다. 어렸을 때부터 학창 시절까지 용산구 보광동에서 이리저리 이사 다니며 살았다. 보광동은 이태원동과 한남동으로 이어지는 곳이다. 미군 부대와 가까운 곳이라 미군 부대 관련한 일을 하는 사람이 대부분이었다. 미군 부대나 미군 개인의 기계 정비부터 식당, 허드렛일까지 일을 다니거나 양키 물건 장사를 하거나 하는 사람이 많았다. 엄마도 미군 부대에서 식당 일을 하셨다.

어렸을 때 엄마가 출근하시면 동네에서 놀았다. 보통 한 집에 여러 가구가 사는 것이 보통이었는데 한집에 살면서 나를 돌봐주던 베드로 오빠, 옆집의 마리아 언니가 생각이 난다. 옆집 아저씨도 미군 부대 식당의 쿡으로 남는 와플을 집에 가져오셔서 함께 구워 먹고는 했다. 2000년대에 길에서 와플을 발견하고 그때 생각이 나서 반가웠다. 옆집에는 내 또래의 남자아이가 있었다. 마리아 언니의 동생인데 독실한 천주교 집안이라 말구라는 세례명으로 불렀는데 순한 친구로—나중에 보니 나보다 한 살 많았다— 같이 손잡고 많이 다녔다. 동네 아이들이 놀려서 크게 싸웠던 일도 있었다. 순한 말구는 울고 내가 우리를 놀린 아이에게 대들어 항의를 했더니 놀렸던 아이도 울어버려서 싱겁게 끝난 싸움이었다.

말구는 대학 1학년 마치고 식구들과 함께 모두 미국으로 이민을 가서 소식이 끊겼는데 뉴스에 내가 나온 것을 보고 수년 전에 연락을 주었다. 나중에 부인과 한국에 방문했을 때 함께 만나기도 했다.

집에서 혼자 있는 내가 걱정이 되셨던 엄마가 학교 교장선생님을 만나 조기 입학을 부탁드려서 나는 남들보다 1년 일찍 학교에 들어갔다. 당시 보광동, 이태원은 인구가 폭발하는 곳으로 저학년은 학교 수업이 3부까지 있었다. 감기에 걸려서 학교를 며칠 쉰 후에 반을 못 찾아서 학교에 안 가고 열흘 넘게 잘 놀았는데 이웃 아주머니가 엄마에게 일러서 엄마와 함께 다시 반을 찾아갔던 기억이 있다. 내 또래에 많은 친구들이 2부 수업까지는 경험했다는데 3부까지 했으니 정말 많은 이들이 몰려들었던 곳이었나 보다.

첫눈 내리던 날의 댄스와 전태일

초등학교를 마치고 추첨으로 간 학교는 남산중턱에 있는 보성여중이었다. 학교 다닐 때 가장 좋았던 일로 기억되는 것은 1학년 때 교장선생님이 멋진 분이었는데 수업 중에 눈이 오자 모두 밖으로 나오게 해서 전교생이 운동장에서 서클댄스를 했던 일이었다. 지금 다시 회상해도 꿈만 같은 기억이었다. 또 같은 동네에 사는 친구들과 등교는 버스로 해도, 하교는 남산에서 걸어서 집까지 왔다. 당시 한남동에는 외인 주택과 유력 정치인의 집들이 있어서 정원이 넓고 집에 풀장이 있는 집도 많아 꽃과 나무를 보며 떠들면서 집으로 왔던 기억 또한 행복한 기억이었다.

보성여중은 기독교 학교로 성경 수업이 있었다. 2학년 때 성경을 가르쳤던 안00 목사님의 수업이 생각난다. 시험문제에 "예수는 사람이다"는 O, X 문제가 나왔고, 주저 없이 X를 골라 오답이 되었던 기억과 수업 시간에 청계천에는 너희 또래의 아이들이 닭장과 같은 공간에서 허리도 펴지 못하고 일하고 있다는 이야기를 들려주었고, 오늘의 예수라며 전태일에 대해 이야기해 주던 것이 기억에 남는다. 노동운동을 접하게 되고 선택하는 과정에서 안 목사님의 수업이 영향을 미쳤을 것이다.

사학비리와 긴급조치가 함께 있던 고교 시절

고등학교는 역시 뺑뺑이로 사당동에 있는 인문계 학교인 서문여고를 들어갔다. 당시는 공부를 잘하면 서울여상이나 동구여상과 같은 학교에 진학하여 은행원이 되는 것이 코스였는데 나는 별 고민 없이 인문계 학교로 진학했다. 나의 현실감각 없음과 하나밖에 없는 딸을 계속 공부시키겠다는 엄마의 의지의 결과일 것이다.

서문여고는 생긴 지 얼마 안 된 사립학교로 당시 박지만의 배문중학교 입학으로 번창하게 되었다는 설이 있던 성산학원재단에서 설립한 학교였다. 당시는 허허벌판에 큼직한 학교와 체육관이 덜렁 있었다. 한 학년에 900명이 넘고 15반까지 있었다. 복도가 길어서 동양에서 가장 긴 복도라든가 하는 말이 있을 정도였다. 교장은 이사장 사위, 교감은 이사장 아들로 좋지 않은 소문들이 많았다. 이사장이 미국에서 명예박사 학위를 받아와서는 운동장에서 기념식을 하기도 했는데 나중에 뉴스에서 유령학교의 가짜 박사로 밝혀졌던 사건도 있었다.

대신에 사립학교이다 보니 선생님들이 꼭 정교사가 아닌 다양한 경험을 가진 분이 많았다. 대표적으로는 정치경제를 가르치는 선생님 한 분이 있었는데 수업 시간에 신문 스크랩을 보여 주며 시사에 관한 수업을 진행했고 당시 「동아일보」에 연재되었던 삼성 재벌에 대한 탈세, 편법 상속 등의 스토리를 들려주곤 했다. 왜 시험에 나오는 수업을 진행하지 않느냐며 불만을 가지는 아이들이 있을 정도로 우리에게 한국 사회의 현실을 가르쳐주려 하였다. 그러던 어느 날 선생님이 사라졌다. 긴급조치위반으로 잡혀갔다는 말이 들렸고 술 마시다 정권 비판을 해서 잡혀갔을 거라는 추측—늘 숙취에서 덜 깬 모습으로 수업에 들어오곤 했다—또는 수업을 듣는 학생이 신고했을 거라는 말이 돌았다. 확인할 수는 없었다. 마침 우리 학교에는 공군 참모총장 딸도 있었고 중앙정보부 고위층이 아버지인 아이도 있었다. 아버지가 중앙정보부라 가장 의심받던 아이는 강력하게 부인했다고 하여 우리는 혹시 집에서 그냥 학교 얘기를 했는데 중앙정보부에서 조사한 것은 아닌가 생각하기도 했다. 석방을 위해 쉬쉬하며 탄원서를 돌리고 서명을 진행하였는데 학교에서 알고 제지를 했고 아마도 전달되지 못했을 것이다. 나중에 그 선생님은 석방되었으나 고문 후유증으로 고생하다 돌아가셨다는 말을 들었고 나중에 그 딸이 서문여고에 들어와서 아버지의 한을 풀겠다며 공부를 열심히 했고 사법고시에 붙었다는 후일담이 들렸는데 어떻게 명예 회복을 했는지는 전해 듣지 못했다.

　사학비리와 정치경제 선생님의 긴급조치 사건 등 학생들은 사회에 대해 비판의식을 갖는 환경이었고, 그 탓인지 1979년 대학에 가서 해태제과 투쟁에 연대하기 위해 영등포에 갔을 때 고등학교 동창들을 많이도 만났다. 서로 고등학교가 우리를 의식화했다고 하면서 반가워했다.

II. 대학 시절, 시대의 아픔을 관통해 가던 때

"저 낮은 곳을 향하여"

대학에 들어왔다. 학교는 넓었고 여학생의 수는 적어서 여학생들끼리 어울려 다녔다. 나는 고등학교 동창이면서 자연대학에 함께 들어온 친구 명은이와 주로 함께 다녔다. 명은이는 수영을 좋아해서 수영부에 들자고 했다. 나는 수영을 못해서 중학교 때 서울운동장에 무료 강습을 다녔는데 물에 뜨는 걸 배우고 나서 하필 그해 광복절에 육영수 여사 암살 사건이 일어나 강습이 중단되어 더 진도를 나가지 못했던 차에 수영부에 가서 수영을 배울 생각으로 가입했다. 신입생 지도교수 면담에서 수영부라고 하자 지도교수가 사회과학 서클 아니라며 너무 좋아했다. 그러나 수영부는 나와 명은이밖에 없었고 체육학과의 수영 특기생이던 서클장은 식당에서 한번 만난 후 우리에게 실망한 것인지 모임을 잡지 않아서 결국 나는 수영을 배우지 못했다.

그러던 어느 날 자연대 여학생들이 천문대로 별을 보러 가자고 약속한 날 갑자기 비가 왔다. 민OO이라는 여학생이 자기 서클에서 세미나를 하기로 했으니 같이 가자고 권해서 여학생들 너덧 명이 세미나에 참석하게 되었다. 그날 세미나의 책은 한완상의 『저 낮은 곳을 향하여』라는 책이었고, 교회 건축에 목을 매고 대형화되고 돈을 섬기는 한국교회에 대한 통렬한 비판이 담긴 책이었다. 그 서클이 바로 기독학생회였고 막상 처음에 권유했던 민OO은 그만두었고 나와 명O, O정세 친구가 함께 가입하여 활동하게 되었다.

아직 과가 정해지지 않은 상태에서 학교생활과 기독학생회의 서클 활동을 병행하고 있었다. 내가 입학했던 1979년부터는 매년 여러 가지 한국사의 사건이 있었다. 대통령으로 영원할 줄 알았던 박정희의 죽음, 잠깐 누렸던 '서울의 봄'에 이어 전두환의 쿠데타로 말미암은 광주5.18 민주화운동이 이어졌다.

10월 어느 날 부산과 마산에서 대대적인 시위가 있다는 말이 들려왔다. 당시 YH 여성 노동자들이 농성하고 있던 민주당사를 경찰이 침탈했고 부산, 마산의 아들이었던 김영삼 총재가 단식에 들어가자 분노한 부산과 마산 시민들이 독재 타도 시위를 시작하여 그 규모가 점점 커져갔다. 마치 4.19의거를 촉발하는 중요한 계기가 되었던 마산의 김주열 열사의 일이 연상되었다. 어느 날 서클룸에 갔더니 오늘 사회대 선배가 시위를 주동한다고 하여 그 시간에 삼삼오오 학생회관 앞에서 서성대고 대기하고 있었다. 그 선배는 "학-" 한마디를 외치자 입을 막혀 상주한 경찰들에게 끌려갔다. 그날 모여서 그 선배가 얼마나 고생할까에 대한 걱정과 한마디도 못 하고 끌려간 허망함에 술 마시고 울고 그랬다. 그러나 바로 10.26이 일어나 박정희가 죽었고 그 선배는 바로 풀려났고 학교는 휴교를 했다. 10.26 이후 12.12쿠데타로 흉흉한 소문이 돌았지만 아직은 희망을 버리지 않았다. 겨울 수련회에서는 선배들이 박정희, 정인숙, 전두환 등으로 분장하여 역할극을 했고 어떤 공부보다도 머리에 남았다.

서울의 봄, 서울역 회군

80년 서울의 봄은 찬란했고 희망이 있었고 무척 바빴다. 학도호국단을 학생회로 바꾸고 대의원 의장도 뽑고 하며 민주적인 대의 체계를 만들어 나가는 과정이 진행되었다. 집회가 계속 이어졌고 신입생을 모아서 지금의 상황과 의의를 설명하는 일을 하기도 하고 과별로 팀을 만들어 대시민 홍보를 나가기도 하였다. 당시는 2학년 때 학과를 정하는 시스템이어서 가장 공부를 덜 해도 된다는 신생 학과인 계산통계학과를 지원했다. 물론 지나놓고 보니 그렇지만은 않았다. 사실 우리 과는 좀 즐겁게 살고 자연과학대이니만큼 정세에는 크게 관심 없이 선배들이 단체로 과 미팅하는 것으로 유명했던 곳이었는데 80년 봄에는 그만큼이나 열심히 학교의 행사 등에 선배들이 참여하였고, 나는 2학년의 과 부대표이기도 하여 열심히 쫓아다녔다. 인생 최저 몸무게를 찍을 정도로 분주하게 돌아다녔다.

평소에 클럽이나 다니고 데모에는 관심이 없는 걸로 유명했던 박사과정 대학원생들이 농성하는 후배들을 위해 간식을 준비하여 강냉이를 가져다주었는데 먹을수록 더 배고프다며 투덜댔던 기억이 있다. 정말 학생운동을 하든 안 하든 모두가 마음을 모으고 있던 시절이었고 우리 과가 유달리 선후배 간의 우애가 좋았고 서울역에서 학교로 돌아온 날에도 학교에서 가장 쾌적한 전산실에서 잘 수 있도록 배려해 주었다.

5월 15일, 서울의 여러 대학교가 함께 모여 집회를 하기로 하고 학교를 나가게 되었다. 교문의 경찰 저지선을 뚫고 행진을 시작했고 한강 다리를 넘어갈 때 길고 긴 줄을 보며 민주화의 희망을 느끼기도 했다. 여러 갈래 길로 행진은 진행되었고 서울역에 정말 많은 학생이 모였다. 여러 학교에서 경찰을 뚫고 도착한 것이라 모였다는 사실만으로도 힘이 났다. 나는 4학년 선배와 함께 앉아 있었는데 방송으로 총학생회장이 "효창구장에 탱크가 세워져 있다. 우리를 진압하려고 대기하고 있다"라는 말을 전하면서 여기서 모두 죽을 수도 있다는 비장한 분위기가 되었다. 같이 있던 같은 과의 선배가 갑자기 갖고 있던 도끼빗을 뚝 잘라서 나를 주고는 나중에 살아서 맞춰보자고 하였다. 비장한 우리들의 각오와는 달리 지도부는 후일을 기약하자며 학교로 모두 돌아가자고 하였다. 이해할 수 없는 귀환으로 학교에서 하룻밤 자고 다음 날 선배들과 대시민 선전전을 나갔다가 집에 돌아왔다. 이게 내가 겪었던 서울역 회군 사건이었다.

5월의 광주, 시대의 아픔을 넘어야 한다는 다짐

그다음 날인 5월 17일 계엄 확대와 함께 기숙사로 군인들이 들어가 학생들을 끌어냈고 사감이던 우리 과 교수님이 구타당했다는 이야기도 들렸다. 학교는 휴교 되었고 교문 앞에는 탱크와 무장군인이 지키고 있었다. 기숙사가 폐쇄되어 지방에 있는 집으로 내려갔던 아이들 중에 집이 광주인 친구도 있었는데 휴교 기간 내내 연락이 없어 죽었다는 소문이 돌았다. 휴교가 끝나고 학교에서 만나 물어보니 가족들이 교대로 감시하며 밖에 나가지 못하게 하였고 친구들과의 연락도 할 수 없었다고 했다.

5월의 광주는 그 시대를 살아온 우리에게는 가장 큰 충격이었고 인생의 좌표를 정하는 데 커다란 영향을 미쳤다. 원래 휴교가 되면 영등포의 경원극장 앞에서 만나기로 하였는데 거기 나가서 서성거렸던 친구는 정보가 이미 새 나가서 경계가 삼엄하여 아무것도 하지 못하고 왔다고 했다. 2학년 때부터 다녔던 마포 은강교회 지하 공간에서 숨죽여 광주비디오를 보았고 서툴게 긁어 인쇄한 광주를 알리는 인쇄물을 몰래 돌리기도 했다. 한편으로는 술에 취했던, 지역감정이든 군인이어서든 사람이 사람을 잔인하게 죽일 수 있다는 사실에 인간의 본성에 대한 고민을 많이 하던 시기이기도 했다. 81년부터 바로 시위가 시작되었고 고등학생으로 광주를 겪은 신입생이 들어왔다. 그해에는 전두환 딸이 학교에 입학하기도 했다. 서클 모집 전단을 들고 인문대 신입생 오리엔테이션 하는 곳으로 갔는데 평소보다 형사로 보이는 사람들이 가득했고 전두환 딸이 거기 있어서라는 말들이 들렸다. 나는 전두환 고스톱을 배우느라 고스톱도 그때 처음 배웠다. 3학년이 되자 같은 학년의 남자아이들이 일제히 군대를 가버려서 혼자 남은 내가 자연대 기독학생회장을 맡아서 활동해야 했다. 그해 가을에는 축제 반대 시위가 있었고, 나는 잡혀가지는 않았으나 자연대 담당 형사가 내가 시위하는 것을 봤다는 이유로 무기정학을 맞았다.

야학, 취직, 야학연합회 사건

당시는 3학년이 리더가 되어 1, 2학년 세미나를 지도하고 4학년이 되면 일찍 학교를 그만두고 현장으로 가거나 시위를 주동하거나 사회과학 관련 대학원에 진학하는 경우가 많았다. 나는 모두 아니었고 졸업하면 취직해서 나이 드신 엄마를 부양해야 한다는 생각을 주로 하고 있었다. 무기정학을 받아 한 학기를 더 다녀야 하므로 진로의 고민이 조금 미루어진 상황에서 4학년 때 서클 선배의 권유로 성수에서 야학을 하게 되었다.

1982년, 처음 만나는 다른 대학의 후배들과 팀을 이루어 야학을 시작하게 되었다. 청계 야학 경험자인 선배들을 소개받아 경험도 듣고 함께 연구도 하고 통합교재도 만들어서 진행하였다. 야학은 교회 운동의 선배인 류00의 아버님이 하시는 교회를 소개받아서 진행했고 당시 인근 공장의 노동자들이 왔는데 대다수가 여성 노동자였다. 검정고시를 준비하는 야학은 아니었고 노동야학의 성격을 띠고 있었지만 과목은 국어, 영어, 사회, 상식 같은 식으로 진행했다. 해당 과목의 수업은 진행하나 내용에 슬쩍슬쩍 노동자의 권리에 대한 이야기도 하고 공장의 불빛에 나오는 노래도 가르쳤다. "분홍빛 새털구름"으로 시작하는 노래를 특히 학생들이 좋아했다.

당시 교사들의 고민은 정규과목을 강화할지 노동 관련 내용을 강화할지에 대한 것이었는데 예를 들면 영어 수업을 해야 할지에 대해 야학마다 입장이 달랐고 우리 야학은 딱 그 중간 정도의 성격을 가지고 있었다. 야학 학생 중에 정말 똘망똘망하고 적극적인 박현자의 얼굴은 지금도 떠오른다. 식모살이로 서울에 왔는데 그때보다는 공장에 다니는 지금이 좋다고 했고 일을 마치고 피곤한데도 졸지도 않고 수업에 열심히 참여하였다. 나중에 성수동을 떠나 고향에 간 뒤에 다른 야학 교사에게 연락이 왔는데 노조를 만들어 서울에 올 일이 있어 연락했다고 하는 소식을 들었다.

　나는 1년 진행하고 당시 관례에 따라 함께 야학했던 후배에게 맡겨 2기를 진행하도록 했다. 2기를 모집하고 준비하는 과정까지만 함께 했고 2기는 독자적으로 굴러갔다. 성수동의 야학은 1984년 '야학연합회'사건이라고 조직을 엮어낸 치안본부의 조직 수사로 2기를 끝으로 더는 지속하지 못하였다.

　나는 무기정학으로 한 학기를 쉬었던 터라 9월 졸업 예정이었다. 1983년 8월에 졸업을 앞두고 취업을 했다. 친구들은 이미 노동 현장으로 가거나 과연 취업을 할 수 있을까 걱정이 많던 때라 학과 소개로 큐닉스라는 컴퓨터회사에 취업하였다. 회사를 그만두고 한참 뒤에야 이곳이 우리나라 1호 벤처 기업이었다는 것을 알게 되었다. 어쨌든 신생 회사라 청량리에 있는 다방에서 면접을 보고 바로 다음 날부터 출근을 시작했다. 한글 워드프로세서를 개발해서 컴퓨터와 프린터를 세트로 판매하는 회사였다.

　일을 배우며 회사를 다니던 때에 뜻밖의 일이 생겼다. 야학연합회 사건이 그것으로 성수에서 2기 교회 야학 리더였던 후배가 치안본부에 잡혀갔었다는 연락이 왔다. 전두환 정권이 노동야학과 현장에 취업한 위장취업자를 엮어서 조직 사건을 만들어 보려고 했던 것으로 생각되는데 야학을 했다는 이유로 많은 야학 교사들이 잡혀갔고 야학들이 폐쇄된 사건이었다.

　초기에 아무것도 모르고 잡혀가서는 무서운 협박과 함께 야학 교사 이름과 소속, 아는 선배 이름을 대라고 했고 자신의 인생, 읽은 책, 의식화 과정, 사상을 적어내라고 했다고 한다. 그 후배는 치안본부에 감금된 상태로 빨간 방과 하얀 방, 물고문 등의 협박을 들었고 풀려나서는 바로 우리에게 연락을 하였다. 자기 생각에는 나는 교회에 다니고 있고 기독학생회라는 오픈 서클 소속이니 이름을 댔다고 했다. 그 후에 치안본부로의 연행이 시작되어 00야학의 누구누구가 잡혀갔고 조사와 교화 작업이라는 명목에 며칠이나 잡혀 있다가 풀려났다는 말을 들었다.

언제 나도 잡혀갈지 몰라 집을 정리하고 기다렸고 겨울 어느 날 출근하려는데 형사가 찾아왔다. 와서는 자기는 한자나 영어를 모르니 나보고 알아서 의식화 책을 달라고 했고 『난장이가 쏘아올린 작은 공』, 『소유냐 삶이냐』, 『서양경제사』 등의 책을 주었다.

치안본부로 가기 전에 회사로 전화를 걸었다. 갑자기 배가 아파서 병원에 갔는데 입원을 하라 해서 한동안 출근할 수 없다고 전화하고는 형사들과 함께 바로 남영동 대공분실로 가게 되었다. 조사를 받는 방에는 침대가 두 개 있었고 글을 쓰는 작은 책상과 의자가 있었다. 나는 처음 들어온 경우가 아니라서 다른 사람이 쓴 자술서를 던져주고 보고 나서 쓰라고 했다. 마침내 담당이 승진시험 공부를 하느라 신경을 덜 쓰는 듯했는데 내가 분량을 너무 적게 쓴다며 한 번씩 협박을 했다. 옆방에서는 가끔 비명 소리가 들리기도 했고 담당 수사관이 능글맞게 웃으면서 "너네는 이재문이 사형당한 줄 알지? 아니야 여기서 죽었어. 죽으면 휴전선에 갖다 놓고 월북하려 하기에 총을 쐈다고 하면 돼" 같은 협박을 해댔다. 비빔국수로 점심이 나온 날 숟가락만 주기에 젓가락을 달라고 했더니 조사받던 학생이 자해를 했기에 이제 국수도 숟가락으로 먹으라고 하기도 했다.

중간에 들어오고 교화 작업 대상 정도인 내가 이런 협박을 받는 것이니 처음 들어왔던 후배는 어땠을지, 얼마나 두려웠을지 상상이 가지 않았다. 그 후배는 군대 가기 전에 찾아와서 그때 선후배, 친구 이름을 대라고 해서 나름 머리를 써서 몇 명을 이야기했으나 죄책감에 시달렸고 괴로웠다고 했다.

남영동에서는 일주일 정도 있었다. 점심을 먹으면 작은 운동장에 나가 잠깐 바람을 쐬게 했는데 남영역을 지나는 전철이 보이고 소리도 들렸다. 바로 앞은 일상의 공간인데 여기 잡혀 있다는 사실이 비현실적으로 느껴지기도 했다.

일주일 지나고 회사에 출근했는데 신기하게도 아무도 내게 지난 일주일에 대해 물어보지 않았다. 다행이다 생각했는데 다음 해에 일본 출장 직전에 관리이사와 면담을 하며 치안본부에서 이미 회사로도 연락했다는 사실을 알게 되었다. 모른 척 넘어갔던 운 좋은 내 경우와는 달리 야학을 했다는 이유로 치안본부로 연행되었던 많은 야학 교사는 회사에서 해고된 경우가 대부분이었다. 야학연합회사건은 세상이 이 모양일 때 개인이 아무리 조용히 살고 싶어도 조용히 살 수 없겠다는 깨달음을 주게 되었다. 이 부정한 세상을 변화시켜야 평온한 삶을 살 수 있겠다는 생각을 일깨워 주었다.

청춘의 교회 — 은강교회와 구로은강교회

내가 다니던 교회는 마포에 있는 은강교회라는 감리교회였는데 목사님 아들이 서클의 3년 선배였다. 또 목사님 딸도 학교는 다르지만 나보다 한 학년 위 선배로 내가 교회에 정착할 수 있도록 많이 챙겨주었다. 교회에 가게 된 계기는 기독학생회에서 소속 교회가 딱히 없는 나 같은 이에게 새로운 활동을 할 수 있는 교회를 권유하여 다니게 되었고, 감리교라는 인연을 맺어 인천산업선교회까지 이어지게 되는 계기가 되었다.

대학교 2학년 때부터 다녔던 은강교회에서는 새로운 경험을 많이 했다. 주로 청년부 활동을 했는데 사회과학이나 신학 세미나도 했지만 교회에 원래 있던 청년들과 친해지기 위한 노력도 했다. 성가대로 시작하여 나중에는 중등부 교사도 했었다. 사실 예배 끝나고 점심을 먹기 위해 성가대로 들어갔는데 악보 보는 것도 처음 배웠고, 성가대 붙박이인 '은강시스터즈' 언니들을 보는 것도 재미있었다. 성가대장은 한00이라는 교회 토박이로 사우디에서 돈을 벌었다고 했고, 건설회사에 다니고 있었는데 밖에서 들어온 우리에게 무척 우호적이었다. 성가대 반주를 맡았던 친구와 셋이 어울려서 원조 마포 최고집도 가고 몰래 소주도 한 잔씩 하였다. 내가 큐닉스에 다닐 때 그 선배도 강남이 직장이라 한번 만나서 맛있는 안주와 술 한잔했던 편안한 추억이 있었다. 나중에 다시 중동에 갔다가 돌아오는 길에 87년 KAL기 폭파 사건 때 그 비행기에 탔다가 죽었다는 거짓말 같은 이야기를 들었고 충격을 받기도 했다.

은강교회에서는 개척교회를 계획하였는데 구로공단 인근에 교회를 열어 지원을 하기로 했다. 당시 교회 전도사인 손호익 전도사가 우리 교회 청년과 결혼을 하게 되어 담임을 맡고 집이 광명시로 가까웠던 나와 교회 토박이인 동기 권혁률을 집사로 안수하여 그 교회에서 함께하기로 했다. 구로은강교회는 가리봉오거리에서 가까운 건물 지하에 자리 잡았다.

위의 두 층에는 닭장집이라고 불렸던 지금으로 말하자면 원룸 집이 있었다. 문을 열면 신발 놓는 곳과 부엌을 겸한 공간이 있고 다시 문을 열면 방이 있는 형태로 화장실은 재래식 화장실을 공용으로 사용하는 방식이었다. 구로공단에 다니는 노동자와 값싼 주거지를 찾아온 노동자들이 살고 있는 곳이었다. 당시 이경영과 옥소리가 주연으로 나왔던 〈구로아리랑〉이라는 영화를 보면 다른 건 몰라도 닭장집이 사실적으로 묘사되어 있었다.

처음 교회를 열었을 때 전도사님 부부와 나, 권혁률 넷이서 함께 서툰 솜씨로 페인트칠을 하던 일이 기억난다. 지하이다 보니 장마 때 교회로 들어온 물을 바가지로 퍼내던 기억도 난다. 주일 예배가 끝나면 2인 1조로 주변의 닭장집을 일일이 찾아다니며 두드리며 전도를 나갔다. 구로공단의 여성 노동자들은 대체로 기숙사에 있어서 닭장집에서 만나는 사람들은 건설노동자가 많았다. 그중에 몇 명은 교회에 나오게 되었고 당시 코오롱에 다니던 여성 노동자 몇 명과 경수산선에서 소개한 노동자들이 함께 노동교회를 일구었다. 또 야학은 아니지만 야학 같은 개념으로 후배들을 소개받아서 같이 교회를 꾸려나갔다. 야학과 다른 점은 야학은 교사와 학생이라는 차이가 있었지만 노동 교회는 그냥 언니 오빠 하며 함께 지내는 공간이라는 점이었다. 개인적 고민도 나누고 함께 밥도 지어먹으며 세상에 대해 이해하고 변화를 위해 노력하고 성장하는 공간이었다.

회사 생활과 노동 교회 활동을 병행하다 보니 정말 1주일이 빠르게 지나갔다. 우리 회사는 벤처기업인 컴퓨터 회사라 늦게 퇴근하는 것이 일상이었다. 나는 그럼에도 늘 정시 퇴근을 고수했지만 눈치도 보이고 또 개발 업무라는 것이 시간을 잡아먹는 일이다 보니 때때로 야근도 해야 했다. 또 회사에 다닌지 2년이 지나자 회사에서 슬슬 중요한 업무를 맡길 태세였다. 지금처럼 퇴근 후 사람을 만나고 교회 활동을 하고 하는 생활은 불가능하였다. 칼퇴근이 가능한 곳으로 회사를 옮겨야겠다는 생각을 했다. 이 회사는 취직할 때 초임부터 임금차별이 있어 마음이 상한 상태였다. 초임이 남자 사원의 90%였는데 그 이유는 남자들은 군대를 가니 그걸 적용한다는 것이었다. 그러나 이 회사는 대부분 과학원 출신이라 군대를 가지 않는 특혜를 받는 이들이 다수여서 납득이 되지 않았다. 기왕이면 남녀 차별이 적고 정시 퇴근이 가능한 공기업으로 옮길 생각이었다. 그러나 그건 나 혼자의 생각이고 선배들의 생각은 좀 달랐던 것 같다. 이제 본격적으로 노동운동을 하려고 하는 것으로 이해했던 것 같다.

    당시는 노동운동이 세상을 바꾸는 가장 큰 동력이라는 믿음으로 혁명을 꿈꾸며 학교를 다니다 공장에 취업하는 이들이 많았는데 체계적 지원이 없어 현장 적응 자체를 힘들어하는 경우가 많았다. 야학 경험도 있고 구로공단에서 노동 교회를 하면서 노동자들과 함께하는 경험을 가졌고 마침 회사를 그만두고 쉬고 있다는 이유로 현장에 취업한 동료나 후배들을 지원하면 좋겠다는 권유를 받았고 앞으로 무엇을 할지 구체적인 계획이 없었던 상태에서 당분간 해야겠다는 생각으로 받아들였다. 나는 광명시에 살고 있어 구로공단, 인천, 안산, 성남을 한 번에 가는 위치라 각 지역에 흩어져 있던 야학과 교회에서 인연 맺은 이들 중 공장에 취업한 이들을 지원하게 되었다.

III. 인천에서 시작한 노동운동

인천에서 활동을 시작하다

학교 서클 친구들은 인천으로 많이 갔는데 우연히 만난 친구가 인천은 구로같이 분파가 많지 않고 노동자가 많고 더 커질 공업도시이니 인천으로 오는 것이 어떠냐는 권유를 받았는데 솔깃했다. 사실 구로지역에서는 구로 연대 투쟁 이후에 서노련, 남노련이 시끄러웠고 이렇게 어긋나다가는 뭔가 해보기도 전에 수사기관의 좋은 일만 시킬 것 같다는 불안감이 커졌던 때였다. 지방에 갔다가 돌아오는 길에 신문에 조직 사건 기사가 났는데 거기에 최근에 교회에 나왔던 학생들의 얼굴이 있었고 그 기사에 우리 교회 이름이 거점 중 하나로 떡하니 실려 있었다. 아무 정보도 없이 며칠간 집에 들어가질 못했고 나중에 잠잠해진 것을 알고는 다시 집에 들어갔다. 구로에 계속 있다가는 뭔 일이 생길 것만 같았다.

또 마침 내가 다니던 교회는 감리교이고 감리교 청년 활동도 했는데 인천도시산업선교회 또한 감리교 소속이어서 아무래도 인천을 자주 드나들게 되었다. 처음에는 동암역 근처 2층짜리 단독주택에 따로 나와 있던 일꾼자료실을 드나들었고 노동자용 교재를 만드는 일을 함께했다. 인천에서 모임이 늦게 끝나면 광명에 있는 집으로 돌아갈 수 없어서 일꾼자료실에서 자고 갈 수가 있었다. 당시 교회 출신의 노동자들이 기독노동자회로 조직되고 있어 그 노동자들과 현장으로 오는 신학생들의 교육을 하거나 교재를 제공하였다. 그 인연으로 인천으로 오는 후배들이 집을 얻고 취업하고 현장에 적응하는 일도 도왔다. 그 일은 점점 커졌고 현장 활동가나 소모임도 지원하다 보니 저녁에서 밤까지 쉴 새 없이 많은 모임과 만남을 소화해야 했다.

당시는 수많은 문건이 돌았고 다양한 입장이 돌아다녔다. 낮에는 그걸 읽고 저녁에는 모임을 하고 밤에는 회의하는 일과가 빼꼭하여 약속이 펑크가 나면 쉴 수 있어 오히려 좋아했던 나날이었다. 또 돌아다니는 문건만큼이나 수많은 분파와 조직이 있어 이렇게 분열되어 있으면 과연 노동운동이 힘을 가질 수 있을까 하는 고민이 들었다.

당시 소모임 구성원의 현장 활동도 지원하게 되었는데 85년 반짝했던 민주노조의 시대*가 지나고 86년은 현장에서 노동조합을 만드는 게 과연 가능할까 하는 암흑의 시대였고 노동조합 대신 현장 전위 조직, 지하 노조 등의 이야기를 할 정도로 암울하였다. 오래 활동이 가능하면 현장에서 소모임을 하도록 했고 여러 가지 이유로 회사를 나와야 되는 상황이면 조용히 나와서 다른 현장으로의 취업을 도왔다. 그러나 현장에 있기 어려운 상황이 생기거나 자신은 그만두더라도 이런 것은 꼭 개선해 보고 싶다고 하는 경우에 선도 투쟁을 하는 경우도 있었다. 임금 인상이나 잔업 문제, 식사의 질 개선 등의 현장의 요구를 모아서 유인물을 뿌리고 해고되거나 경찰에 잡혀가는 식의 투쟁이었다. 함께 요구안을 정리하고 유인물을 만들고 전술을 의논하는 식으로 지원을 하였다.

당시에는 당장 노동조합을 만들 희망은 없었지만 현장에 당면한

---

* 85년 구로연대투쟁, 대우자동차 투쟁 등.

문제를 해결해 보고자 하는 다양한 일상적인 투쟁과 함께 많은 노동자 소모임이 있었고 소모임에서 훈련된 노동자들이 87년 대투쟁에서 준비된 리더로 역할을 하게 되었다고 생각한다. 내가 지원했던 현장 소모임도 바로 그런 모임 중 하나였고 몇 년 후에 노동조합 간부로 다시 만나는 일도 있었다.

소모임 당시에 기억이 나는 일 하나가 있다. 좀 나이가 어린 남성 노동자 두 명을 그들의 자취방에서 만나곤 했는데 둘 다 담배를 피우고 있었고 내가 담배 연기와 냄새를 싫어하는 것을 알고는 어느 날 나에게 줄 선물이 있다며 둘이 금연을 하기로 했다는 것이었다. 세상을 좋게 만들기 위한 노동운동을 하는데 담배 연기를 괴로워하는 나를 배려하지 못한다면 의미가 없다고 의논했다는 것이다. 어떤 선물보다 감동을 받았다. 그중 한 친구는 생활비가 없는데도 담배를 너무 좋아해서 까치 담배를 사서 피울 정도였으니 더욱 고마운 마음이었다. 몇 년 후에 우연히 다시 만나게 되어 아직도 담배를 피우지 않냐고 물어봤더니 결국 얼마 지나지 않아 다시 피우게 되었다고 고백했다. 그래도 그런 에피소드들이 엄혹한 상황 속에서 과로에 시달리며 활동하면서도 기쁨을 느끼게 하는 일이었다고 생각한다.

현장 활동을 위해 인천으로 이사하다

1986년 인천으로 이사를 오게 되었다.
인천을 오가면서 현장을 측면 지원하는 데서 벗어나 직접 공장에 들어가서 활동을 하겠다는 생각이 들었다. 여러 입장의 글도 읽었고 얘기도 들었지만 딱 정답이다 싶은 것은 없었고 노동자가 중심이 되어야 세상을 좀 더 좋은 곳으로 변화시킬 수 있다는 신념만 있었으므로 노동 현장에서 직접 활동을 해서 하나로 단결하는 모범을 만들어 답을 찾아야겠다고 결심했다. 서클* 지도부에 현장으로 들어가겠다고 얘기했고 공장 생활을 위해서는 주거지가 일치되는 것이 필수였기에 이사를 하게 되었다. 엄마와 단둘이 살고 있었기에 함께 인천으로 이사하게 되었다. 엄마와 이 일에 대해 의논했는데 둘이 사는 생활인데 적은 월급이라도 살 수 있지 않겠냐 하는 생각이었고 공장에 들어가겠다는 내 결심을 들은 고등학교 동창들이 돈을 모아서 1년간 다달이 지원해 주겠다고도 했다. 특별히 학생운동을 하거나 진보적인 생각을 접한 적이 없는 친구들인데도 이 사회를 좋게 만드는 일을 우리 대신 하라는 말과 함께 지원을 했고 당시 여성 노동자 월급이 월 10만 정도였던 것을 기준 하면 친구들의 지원은 마음도 든든했고 생활의 걱정을 조금이라도 덜 수 있는 고마운 일이었다. 집은 어디에 취직하게 될지 몰라서 4공단과 5, 6공단의 중간쯤 되는 곳인 서구 신현동을 찍었다. 광명시의 집을 전세 주고 신현동 주공아파트에 살게 되었다.

운 좋은 취직 — 부평 태연물산

마침 부평4공단에 태연물산이라는 전자 회사가 새로 생겨서 대거

---

* 당시는 크고 작은 노동운동 조직을 서클이라고 불렀다. 서클 해체 이후에는 이합집산 하게 되었다.

사람을 모집하고 있었다. 부천에서 봉제완구를 만들던 회사가 전자완구로 전환하면서 부평4공단으로 이전하였고 한 번에 많은 사람을 뽑고 있어 까다롭지 않았고, 공단 내의 회사에 취업하려면 소개가 필수였는데 소개 없이 이력서와 면접으로 취업할 수 있는 드문 경우였다. 당시는 학생 출신 활동가가 공장에 들어갈 때는 다른 사람의 이름으로 취업하는 경우가 많았는데 나는 이력서의 경력만 좀 뻥튀기하여 중학교 졸업에 10년 전자 회사 경력이 있는 것으로 하고 내 이름으로 취업하였다. 이전에 다닌 회사가 컴퓨터 하드웨어와 소프트웨어를 다 다루는 회사이다 보니 PCB, 메모리 등 전자 용어가 익숙했고 조립도 납땜도 해보았기에 부딪혀 보기로 했다.

태연물산은 새로 공장을 시작하는 시기라 어수선했다. 처음엔 PCB 판에 부품을 꼽는 일을 했다. 단순노동이라 경력이고 뭐고가 없이 쉬운 일이었으나 정말 지루했다. 이때를 생각하면서 몇 년 뒤에 남편과 대화한 적이 있었다. 노동해방의 내용에는 '꼽기' 같은 단순 작업에서의 해방도 있지 않을까 하는 내 생각에 남편은 단순노동을 선호하는 사람도 있을 수 있으니 꼭 그렇지 않다고 했다. 이 단순노동은 공장에 사람들이 들어오고 라인이 채워지면서 끝이 났다. 본격적으로 생산을 할 수 있게 되면서 PCB작업은 하청을 주었다고 했다.

계속 모집을 하였으나 썩 좋은 조건의 회사가 아니라서인지 성인들로 채워진 일반 라인은 하나였고 지방에서 산업체 학생들이 모집되어 왔다. 강원도 철원과 전라도 순창에서 중학교 졸업생들을 모집해 왔고 철원 아이들은 예화여상, 순창 아이들은 부평여상에 입학하여 학교와 공장 생활을 병행하였다. 회사에는 기숙사가 있어 일반 라인의 노동자

일부와 학생들이 살게 되었다. 나는 처음에는 일반 라인에 있다가 다시 학생 라인에서 마지막 외관검사를 하는 일로 배치되었다. 리모콘으로 조종하는 완구용 전자 자동차를 생산해서 수출하는 회사였다. 라인은 성인들이 일하는 일반 라인과 산업체 학생들이 일하는 학생 라인으로 구분되었는데 학생 라인에도 외관과 성능 검사 자리에는 경력이 있는 성인들이 배치되었다.

IV. 노조 활동

일상 투쟁이 빈번했던 현장

전자 회사에 다닌 경험이 많은 노동자들은 월급도 적은 데다 반말과 욕을 섞는 관리자의 태도와 식사 등이 보통의 전자 회사 분위기와는 다르다며 그만두고 새로 들어오는 일이 반복되었다. 식사는 형편없어서 군내가 나는 묵은김치로 김칫국을 끓이고 반찬으로 다시 김치를 주는 식이었다. 국에서 마대 걸레 조각이 나왔다는 소문도 있을 정도였다. 노조를 만든 후에야 처음으로 분홍 소시지 부침이 나올 정도로 영양도 맛도 위생도 엉망이었다.

그러던 어느 날 일이 터졌다. 사장 친척이라는 소문이 있던 좌대리라는 기골이 장대한 사람이 현장에서 기사를 이단 옆차기로 차서 상해를 입혀 피해 기사의 신고로 경찰이 회사로 들어와서 파출소로 연행했다가 다시 훈방된 일이 있었다. 좌대리는 라인에서 흥분하여 소리를 지르거나 불량이 나면 "이 모가지를 비틀어 죽일 년들이" 같은 험한 말을 일삼는 이였다. 당시는 아직 학생 라인이 생기기 전이었는데 일반인 라인을 끄고 모두 모여서 작업을 거부했다. 그동안 욕을 일삼는 관리자에 대해 항의하고 불만 사항을 이야기했다.

점심시간에 미리 나를 포함한 몇몇이 모여서 요구사항을 정리해 놓았다. 내가 많이 주도할 필요도 없이 불만이 너무 많이 쌓여 있었고 좌대리의 폭행이 계기가 되었다. 목소리가 큰 OOO가 얘기를 시작하면 울산이 고향인 OOO이 받아서 이야기하기로 하고 나도 얘기를 거들었다. 모두 한마디씩 하는 식으로 항의하여 주동자를 찾을 수 없도록 했다. 관리자의 욕설 금지, 열악한 식사, 낮은 임금 개선, 작업환경 문제 등에 대해 불만을 제기했고 총무부장과 과장이 나와서 다시는 이런 일이 없을 것이라 약속하고 근로조건 개선도 검토하겠다 다짐을 받았다.

당시 표현으로 '일상 투쟁'을 진행했고 그런 일상 투쟁은 그 이후에도 두세 차례 진행되었다. 이때 적극적으로 일상 투쟁을 진행했던 친구들은 이 회사가 너무 형편없다며 하나둘씩 그만두었다. 나는 특히 울산이 고향인 친구와 친했는데 그 친구도 고향에 가겠다며 그만두어 섭섭했다. 그래도 이 경험들이 쌓여서 6월 항쟁에 몇몇은 함께 거리에 가기도 했고 노조를 만들 때도 좀 쉽게 동조할 수 있었다.

찬란한 햇빛 보고 싶고

학생 라인에 배치되니 딱 학교 가기 전까지만 운영이 되어서 잔업 없이 일찍 퇴근을 했다. 퇴근할 때 아직 해가 떠 있는 경험은 직장생활을 한 이래 처음이었다. 당시 〈8시간 노동제를 위하여〉라는 노동가요에 "찬란한 햇빛 보고 싶고 꽃내음도 맡고 싶네"라는 가사가 있었는데 퇴근하고 버스를 기다리며 행복감을 느꼈다. 나중에 농성할 때도 이 노래를 부르곤 했는데 나는 이 가사가 제일 좋았다.

취업이 쉬운 회사이다 보니 위장취업한 활동가가 유난히 많았다. 말투나 쓰는 단어, 일하는 태도, 차림새 등이 너무 티가 나는 활동가 두 명을 만나서 단순히 현장 활동 경험을 위해서만 취업했다는 말을

학생 라인 친구들과 자유공원에서

듣고 여기는 활동가가 많으니 다른 회사로 가는 게 좋겠다고 충고하여 정리하는 일도 있었다. 초창기에 나와 함께 취업한 활동가로는 박인숙이 있었다. 대학 출신은 아니었으나 목적을 가지고 취업했다는 점에서는 활동가로 입사했고 이때의 만남은 지금까지 이어지고 있다.

퇴근 후의 찬란한 햇빛에 행복감을 느끼던 어느 날 일이 터졌다. 금요일 저녁 시간 퇴근 시간이 10분도 남지 않았는데 과장이 와서는 물량이 딸리니 오늘 잔업을 해야 된다고 했다. 갑작스런 통보도 기가 막혔지만 고등학교에 다니려고 고향을 떠나 노동을 하는 아이들이 학교에 가지 못하는 부당한 상황에 너무 화가 났다. 잠시 웅성이다 그냥 라인에 앉아 있는 아이들이 안스러웠다. 순간 나는 위장취업자라는 내 처지를 잊고 정말 대책 없이 라인 스위치를 껐다. 일 그만하고 학교에 가라고 외치고는 아이들이 나가는 것을 보면서 나도 퇴근을 했다. 이미 저지른 일이고 잘못한 일은 아니었지만 내 처지가 처지다 보니 불길한 생각이 들었다. 월요일에 출근을 할 수는 있을까, 출근하자마자 해고되는 건 아닐까, 혹시 경찰이 와 있는 건 아닐까 등등 생각이 꼬리를 물었다. 각 경우의 수마다 이렇게 대응해야지 생각하며 출근을 했다.

뜻밖의 전화위복, 조장이 되다

월요일에 출근을 해서 라인에서 일을 하고 있는데 사무실로 오라고 했다. 주말에 생각했던 경우의 수와 대응 방법을 떠올리며 현장 사무실에 들어갔다. 과장이 뜻밖에도 원래 내가 경력도 많고 나이도 있어서 학생 라인 조장을 시키려고 했는데 학력이 낮아서 아이들이 안 따를까 봐 결정을 못 했는데, 리더십이 있는 것 같으니 걱정이 없다며 학생 라인 조장을 하라고 하는 것이었다. 조장 수당도 5천 원 있다고 했다. 마침 일반 라인은 나와 함께 일찍 입사했던 활동가 박인숙이 반장이 되었다. 초창기에 들어오기도 했고 좋은 학교를 나와서 뽑혔다고 했다. 전화위복이 아닐 수 없었다. 활동가 둘이 반장과 조장이 되었으니 조직하기에 유리한 조건을 확보한 것이었다.

박인숙과 내가 반장과 조장이 되고 나서 한 달쯤 뒤인 3월에 회사에서 임금 인상에 대해 의논해 왔다. 회사 분위기도 강압적이었던 데다가 당시 2,800원이던 일당이 너무 낮아 사람들의 불만이 계속되고 있던 상황이었다. 사장이 새로 데려온 총무부장은 노동자를 달랠 겸 임금 인상을 의논했고 우리는 현장의 의견을 전달하는 역할로 회사 측과 협의 끝에 300원을 올려 3,100원의 일당을 보장받게 되었다.

활동가 모임을 시작하다

앞서도 언급했듯 태연물산은 계속 사람을 뽑고 들어오기가 좀 수월하여—당시 웬만한 회사들은 소개로 입사하는 것이 일반적이었다. 이곳은 소개가 아니라 공개모집을 했던 몇 안 되는 회사였다— 활동가들이 많았다. 라인에서 일보다는 대화에 집중하기도 하고 차림새도 좀 달라 어느 정도는 티가 나서 이 회사에 계속 다니고 있는 활동가들을 모을 필요가 있었다. 특히 6월 항쟁 시기에 부평시장과 백마장 인근에 시위가 예정되어 있었는데 한 활동가가 자꾸 부평시장에 놀러 가자며 나를 꼬셨고 거절을 해도 계속 시도하는 일이 있어 아무래도 표가 나는 활동가들과는 소통하고 모임을 해야겠다는 생각이 들었다. 또 여름휴가를 앞두고 현장이 술렁이고 있어서 함께 의논하여 보조를 맞출 필요를 느꼈다.

박인숙과 나는 입사 초기에 개별적으로 만나 현장 상황을 의논하고 있었고 이제 활동가로 확인된 사람들을 모을 필요가 있었다. 7월 초에 여섯 명 정도가 모였고 모인 자리에서 몇 가지 원칙을 제안했다. 첫 번째로는 다들 소속된 조직이 있겠지만 현장의 결정이 우선한다는 것이었고 모여서는 자유롭게 의견 개진을 하고 토론하지만 현장 모임에서 결정이 내려지면 그 결정을 모두 지키는 것을 원칙으로 정했다. 이후 노조가 만들어지고 나서는 조합원 전체가 함께 모여 모든 것을 결정하는 원칙으로도 이어지게 되었다.

두 번째는 보안 문제도 있고 현장 중심이라는 원칙도 있고 하여 남의 신분으로 입사한 활동가들이 존재하는 상황에서 실제 나이, 신분

당시 일상 투쟁의 중심에 있던 스물세 살 모임

등을 묻지 않고 회사에서의 이름과 나이로만 호칭하자는 것이었다. 이 두 가지 제안에 모두 동의하였고 나중에 구속 과정에서 실제 나이와 이름을 알게 되고서도 이때 버릇이 되어 실제로는 나이가 많은 활동가들이 나이가 어린 박인숙에게 언니라고 부르는 해프닝이 여러 번 있을 정도였다.

활동가 모임을 진행하면서 소모임 등 사람이 겹치지 않게 얘기를 나누고 주변 상황에 대한 정보 교류도 하던 어느 날 이과장이 현장 사무실로 나를 불렀다. 신OO가 북한에서 특수교육을 받고 온 사람이니 유심히 살펴보고 알려달라는 것과 혹시라도 노동조합을 가입하게 되면 호적에 빨간 줄이 가게 되니 시골에서 온 물정 모르는 동생들이 휩쓸려 가지 않도록 잘 지켜보라는 것이었다.

신OO은 본명으로 들어온 몇 안 되는 활동가로 사실 장애 학생을 대상으로 교육하는 이화여대 특수교육과 출신이었는데 이게 북한의 특수교육으로 둔갑한 것이다. 회사에서는 아무래도 수상하여 공단본부에 물어봤다고만 했다. 당시는 울산에서 시작한 민주노조 건설의 바람이 인천에도 상륙하기 시작한 때여서 우리도 노동조합에 대한 생각을 좀 구체적으로 의논하고 있던 때였는데 회사에 이미 요주의 인물의 명단이 돌 정도면 우리도 좀 서둘러야겠다는 생각이 들었다.

또 그동안 관리자의 폭력을 계기로 진행했던 크고 작은 일상적인 투쟁 과정에서 현장 노동자들의 불만과 요구도 모아졌고, 활동가들의 활동이 몇 개월 정도 진행되어 친한 동료들의 떡볶이 모임들이 꽤 많이 진행되어 있었던 편이었고, 특히 박인숙이 들어있던 스물세 살 동갑 모임은 7월 초의 여름 휴가비 관련 싸움 등 일상 투쟁의 중심에 있었다.

87년 7월, 인천 여성 사업장 중 최초로 설립한 노동조합

당시에는 노동조합을 만들려면 30명 이상이 모여야 했고 임원은 1년 이상 다닌 사람만 자격이 있었다. 임원은 위장취업자가 아닌 신분의 사람이 맡기로 하고 위원장에는 일반 라인 반장이며 스물세 살 모임을 주도했고 본인의 신분이었던 박인숙, 부위원장은 남성 노동자를 앞으로 조직할 염두를 두고 평소에 말이 잘 통하던 양병철을 세우기로 하였다. 나는 임원이기는 하지만 당시 법적 신고 대상은 아닌 사무장을 맡기로 하였다. 다만 이 회사는 부평공단에서 11월 말에 봉제에서 전자로 업종을 변경하여 시작하였으므로 생산직에서는 아무도 1년 이상인 사람이 없어 회사가 1년 미만이니 임원도 1년 미만이어도 법적으로 자격이 있다고 생각하여 그대로 추진하기로 했다.

30명이 모일 수 있는 장소를 물색하여 중국집에 7월 25일에 모여서 노동조합을 결성하였다. 관리자의 감시를 뚫고 43명이 모여서 결성할 수 있었다. 그날이 토요일이라 위원장과 함께 우리집으로 와서 당시 인근 갈산동에서 우리보다 일찍 노동조합을 결성해서 활동하고 있던 한독금속 노동조합 부위원장과 함께 노조 설립 신고 서류를 작성했다.

노조를 결성하려면 한국노총 금속연맹의 인준을 받아야 했으므로 월요일 아침 일찍 서울 한국노총으로 가서 인준을 받고 인천시청에 서류를 내기로 하였다. 하필 7월 27일에는 서울과 인천에 엄청난 비가 내렸다. 당시 기록으로는 서울에 294.5mm, 인천에 302.5mm의 폭우가 내렸다고 한다.

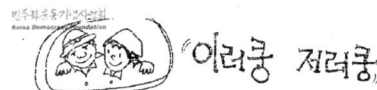

새벽에 아파트 방송으로 1층에 있는 집은 위의 층으로 대피하라는 방송이 나왔고 나중에 들으니 용산역 대합실이 잠기고 서울대공원에 산사태로 재규어가 탈출하였다는 뉴스가 나올 정도였다. 위원장은 키가 컸는데도 밖으로 나가자 허벅지까지 물이 차올랐다. 그러나 때를 놓칠 수 없어 물을 헤치며 위원장은 당시 영등포에 있던 한국노총 금속연맹으로 향했다.

비는 그쳤지만 출근하자 공장이 물에 잠겨있었고 우리는 물을 퍼내면서 서울에 간 위원장이 오기를 기다렸다. 오후가 되어서야 접수를 마친 위원장이 도착했으나 수해가 난 상황에서 노조 결성을 공지할 수 없어 공개적으로 노조 결성 사실을 알릴 수는 없었다. 조합원들 중심으로 수군거리며 신고를 마쳤다는 것을 알렸고 중국집에 오지 못한 조합원을 중심으로 가입 원서를 추가로 받아서 일반 라인은 거의 다 가입을 시켰고 신고필증이 나오기를 기다려야 했다. 그러나 한국노총에서 임원들이 1년이 안 넘은 것에 대해 말이 있었다고 해서 법률사무소에 자문을 넣었고 7월 30일에는 남대문법률사무소에서 회사가 업종 변경을 하여 노조 가입 대상이 1년 미만이므로 우리 노조 결성이 적법하다는 회신을 받았다.

노조 결성과 동시에 시작된 노조 탄압

회사는 노조 결성 후 바로 움직였다. 7.28에 봉제 공장 시절에 있었던 사람이라면서 오 계장이라는 사람을 불러들였고 바로 고향 후배라며 정승0, 박성0 조직폭력배 둘을 입사시켰다. 이중 정승0은

연대하러 나온 다른 노조 간부를 칼로 찔러서 구속되었는데 이미 폭력 전과 9범이라 태연물산에서 10범을 채웠다는 것을 나중에 알게 되었다. 진짜 조폭이 구사대의 탈을 쓰고 온 것이었다.

오 계장과 정승0 등은 라인을 오가며 욕설과 협박성 발언을 일삼았고 각종 유언비어를 퍼트리기 시작했다. 공포 분위기 속에서 신고필증 교부를 기다렸으나 10일 안에 교부되어야 하는 필증이 아직도 교부되지 않았다. 우리는 신고필증이 나오기 전이라도 노동조합의 활동을 하자고 마음먹었다.

노동조합 결성한 지 10일이 지난 8월 5일 조합원 대상의 1차 소식지를 냈고 회사 게시판에 노조 결성 소식을 올렸다. 그 과정에서 회사는 못 붙이게 하고 우리는 붙이려고 하는 실랑이가 있었다. 그러는 중에 부위원장인 남자 사원 양병철이 오 계장을 비롯한 세 명에게 집중적으로 회유와 협박을 당하고 노조 탈퇴서를 작성하는 일이 일어났다. 부위원장이 노조 탈퇴서를 써주면 자기들이 중립을 지키겠다고 회유했다. 결국 못 견딘 부위원장이 탈퇴서를 썼지만 그들의 공포 분위기 조성과 노조 비방은 그치질 않았다. 그는 나와 위원장에게 이 사실을 고백했고 그 내용을 소상히 적어 호소문을 썼고 이를 조합원에게 공개하기로 했다.

조합원 전체 모임에서 신고필증과 무관하게 우리가 정당한 민주노조라는 결론을 내렸고 양병철 호소문 공개와 노동조합 보고대회를 개최하기로 했다.

8월 10일 저녁 5시 반에 조합원들과 식당에 모여 보고대회를 하려고 모였다. 이미 회사 관리자들이 우리를 둘러싸고 있었다. 박성0은

식칼을 들고는 "한 명 죽여도 3년만 살면 된다"면서 협박했지만 식당에 모인 40명은 꼼짝하지 않았다. 관리자들은 빙글빙글 웃으며 팔짱을 끼고 보고 있었다. 보고대회를 진행하려고 하자 정승학은 웃통을 벗고 문신을 드러내고는 식당의 큰 유리 창문을 떼서 던지려는 모션을 취하였다. 그래도 굴하지 않는 모습을 보이자 눈이 돌아간 모습이었다. 그제야 정말 무슨 사단이 벌어질 듯 보였는지 지켜만 보던 관리자가 팔을 잡고 말리기 시작하자 언제 그랬느냐는 듯 유리창을 내려놓았다.

신고필증이 아니라 투쟁으로 노동조합을 인정받기 위한 농성 돌입

8월 12일, 노동부에서 인천시청에 노조 설립 신고를 반려하라고 했다는 소식을 들었다. 우리는 이대로 있을 수는 없다고 생각했다. 노동조합을 결성하고 나서 우리는 항상 조합원 전체 모임을 통해 방침을 결정했다. 8월 12일 밤에 작전동에 있던 해인교회에 모두 모여서 회의를 했다. 이대로는 있을 수 없었다. 조합원이 아닌 학생을 비롯한 다른 동료들이 사실을 제대로 모르니 이를 알리고 노동조합의 힘을 단결로 보여 주기 위해 집단행동을 들어가기로 했다.

들어가기 가장 쉬운 개발실에서 점심시간부터 농성을 시작하자고 결정했다. 개발실 문을 잠그고 버티겠지만 관리자들이 우리를 끌어내려 하면 저항하기 위해 고춧가루라도 있으면 좋을 텐데 즉석에서 정한 것이라 아쉬웠다.

활동가 중에 플래카드와 유인물 쓸 사람을 자원 받았는데 아침에 일어나보니 두 가지 다 마련되지 않았다. 우리가 자는 사이에 플래카드와 유인물을 준비하기로 한 3, 4명이 의논했는데 이 투쟁은 대중적 투쟁이 아니고 대중과 고립된 투쟁으로 올바른 대중투쟁이 아니니

농성을 하지 말아야 한다고 결론을 내리고 준비하지 않았다는 것이었다. 아침에 급히 조합원 전체 모임을 열었다. 사정을 설명했고 다시 논의하였다. 조합원들은 상황이 변하지 않았으니 플래카드가 없어도 민주노조 사수를 위해 농성에 들어가자고 재차 결의했다.

8월 13일 점심시간, 아침에 급하게 위원장이 쓴 유인물을 복사하고 종이에 구호를 몇 자 쓴 채로 3층 개발실에 30여 명이 모였다. 고춧가루는 준비하지 못했지만 문을 잠그면 우리의 정당성을 알릴 시간 정도는 버틸 수 있으리라 생각했다. 문을 잠갔지만 채 5분도 안 돼서 개발실 문을 뜯고 관리자들이 남자 사원들과 함께 들이닥쳤고 순식간에 조합원들을 끌어냈다.

조합원들을 질질 끌고 나가면서 그들은 나만 따로 조합원들과 분리하여 개발실에 가두고 밖에서 문을 잠갔다. 개발실은 조립할 모델 장난감 몇 점이 놓여 있고 텅 빈 방이었는데 문을 두들기고 소리를 질러도 아무도 대꾸하질 않았다. 끌려 나간 조합원들과 바깥 상황이 너무 궁금하여 창문으로 다가갔다. 창문 밖의 건너편 건물 앞에는 조합에 가입하지 않은 다른 노동자들이 동원되어 "위장취업자 물러가라"는 플래카드를 들고 구호를 외치는 사람들 모습이 보였다.

그 맨 앞에는 회사에서 며칠 전에 입사시킨 김 반장이라는 경력이 많은 여자 반장이 있었다. 무슨 말을 하는지 궁금하기도 하고 내가 감금되어 있다는 것을 알려야겠다는 생각에 창문을 열려고 하였다. 창문을 열기가 무섭게 개발실로 관리자들이 뛰어 들어와서 나를 창문에서 떼어 놓았다. 내가 창문을 열려고 하자 투신하려고 하는 줄 알고 들어왔다고 했다. 나는 투신할 생각이 없으니 조합원들이 어디로 갔는지 알려 달라, 나도 그리로 데려가 달라 하고 요구하였다.

그렇게 실랑이 한 지 두어 시간 만에 조합원들은 해산했고 다 집에 갔다고 하면서 그들은 나를 회사 정문으로 데려가 내보냈다. 회사 정문은 잠겼고 조합원들과는 연락이 두절 되었다. 집에 갔다는 말을 믿을 수는 없었지만 확인할 수 없는 상태에서 문방구로 가서 매직과 도화지를 여러 장 사와서 구호를 쓰고 다른 도화지를 말아 스피커 모양으로 만들어서 정문 앞에 앉아서 구호를 외쳤다. 일종의 일인 시위라고 할 수 있겠다. 8월의 땡볕에서 구호를 외쳤지만 회사 정문 앞은 아무도 나와 보지 않았고 굳게 잠겨있었다. 그렇게 세 시간쯤 있다가 아무래도

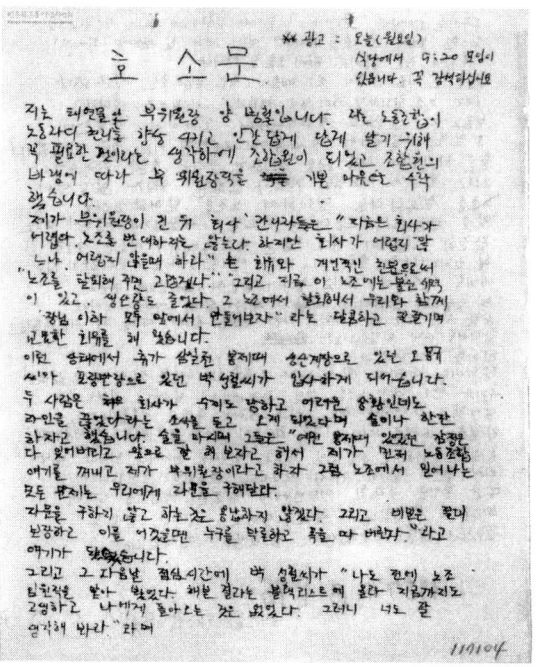

양병철 부위원장의 〈호소문〉 (출처: 인천민주화기념사업회)

집에 가서 연락을 받는 편이 나을 거라는 생각에 집으로 돌아와서 전화를 기다렸다.

내가 고립되어 기다리고 있는 동안 조합원들은 개발실이 있던 건물 지하실에서 새벽까지 감금되어 구사대로부터 구타와 욕설, 성희롱 등의 핍박을 받고 있었다. 그들의 상황은 8월 15일에 시민들에게 알리기 위해 폭행당했던 조합원들이 작성한 다음 유인물에 이렇게 나와 있다.

> 폭력배들은 우리를 지하실에 감금한 채 우리가 이 폭력 사태를 알리기 위해 창문을 통해서 밖으로 나가려 하면 쇠 파이프로 꾹꾹 찔러 빠져나오지도 못하게 하면서, 쇠 파이프로 머리를 치고 이단옆차기로 얼굴을 쳐서 얼굴이 이그러지게 하고 계단에서 끌고 올 때 손가락을 분질렀으며, 칼을 휘두르며 "니네 년들 다 죽여버린다. 죽여봤자 징역 3년이면 그만이다"는 등의 폭언을 서슴지 않았으며 농성장에서 임시 화장실을 만들어서 소변을 보려 하니 "아무 데서나 싸라"는 등 모독을 서슴지 않았다.
> 다시 심심하면 와서 머리를 쳐대고 손을 질근질근 밟고 캐비넷을 쇠 파이프로 계속 쳐대며 잠을 못 자게 하면서 "잠만 자봐라, 움직이기만 해봐라, 가만 안 놔두겠다"라고 하였습니다. 그리고 이들은 술을 잔뜩 먹고 와서는 우리들 보는 앞에서 소주병을 들고 마시면서 소주병을 깨서 던지고 의자를 던지곤 하였습니다. 이렇게 감금된 상태에서 새벽 5시 50분까지 우리들은 계속 공포에 떨며 나중에는 탈진 상태가 되었습니다.

감금과 공포도 우리를 막을 수 없었다

집에서 기다리던 중 전화가 왔다. 새벽이 되어서야 풀려났고 봉고차에 태워 집 근처 여기저기에 분산해서 내려줬다는 것. 일단 백마교회로 모이기로 했다.

새벽에 백마교회에서 만난 조합원들의 모습은 처참했다. 맞고 밀치고 얼마나 당했는지 작업복 단추가 다 떨어진 채로 걸치고 온 이미자, 얼굴부터 맞은 흔적이 보이는 위원장, 여름이라 밝은 옷에 선명한 신발 자국 등 대부분 옷이 찢어지거나 폭력에 당한 모습이 보였다. 모여든 조합원들로부터 새벽까지 감금당했는데 굴하지 않고 노래와 구호를 부르며 저항했고 그럴 때마다 술에 취한 구사대로부터 구타를 당했다는 것을 들었다. 게다가 탈출하여 현장에 알리려 했던 위원장이 각목으로 집중하여 맞았다고 했다. 새벽녘에야 꾀를 내어 노조를 하지 않겠다고 하여 풀려났다는 이야기를 들었다.

그 현장에서 격리된 나는 죄책감이 들기도 하였고 밤새도록 감금과 구타를 당한 조합원들이 너무 안쓰러웠다. 하여 여태까지의 과정처럼 전체 토론을 시작했다. 나는 두 가지 길 중에 선택을 하자고 제안했다.

첫 번째, 사실 우리는 할 만큼 했고 다시 폭력배가 상주하는 회사로 돌아가는 것은 무서운 일이다. 또 다른 회사의 예를 보면 부모님에게도 연락이 갈 것이고 딸이 위험한 일을 하고 있다고 하면 부모님의 반대에 부딪혀 더 어려운 상황에 놓일 수 있다. 그러면 고향으로 내려가게 될 수도 있으므로 여기서 접는 것도 패배만은 아니니 생각해 보자고 했다.

두 번째, "필증이 안 나와도 우리 노동조합은 민주노조이며 정당하고 우리가 옳은데도 깡패들에게 밀려 나오는 것은 너무 억울한 일이니 다시 한번 마음을 다잡고 투쟁하여 노조를 인정받는 길이다"라고 두 가지 길을 제시하며 돌아가면서 솔직하게 의견을 말하기로 했다. 나의 예상을 뒤엎고 조합원들은 "이대로 그만둘 수는 없다. 오기가 나서 안 되겠다. 부모님을 설득할 수 있다"며 다시 투쟁을 결정했다. 일단 집에 가서 쉬고 낮 12시 정각에 회사 정문으로 모이기로 하고 해산했다.

밤을 샌 조합원들의 상태를 고려하여 유인물은 내가 쓰기로 했다. 비록 지하실의 경험을 함께하지는 못했으나 소상히 듣고 밤사이 일어난 참상을 시민들에게 알리자는 의미로 앞뒤 한 장을 채웠다. 다만 이 유인물은 처음에만 잠깐 쓰였다. 조합원들에 의해 내용이 아니라 글씨를 너무 못 써서 창피하다며 농성이 시작되고 준비할 여력이 생기자마자 즉시 다른 유인물로 대체되었다는 후일담이 있다. 사라진 줄 알았던 내가 쓴 유인물이 마침 민주화기념사업회에 보관되어 있어 놀랐다.

정문 앞 노숙 농성, 퇴근길의 파업 문화학교

다음 날인 8월 14일 12시에 몇 명씩 나뉘어 다른 길로 회사 정문 앞에 모였다. 정문은 굳게 잠겨있었다. 정문 앞에 앉아서 바로 농성이 시작되었다. 폭력적인 구사대에 대한 공포가 남아 있었고 우리의 투쟁을 알리기도 해야 해서 한독금속에 가서 알렸고 점심시간과 겹치자 간부 몇몇이 달려왔다.

위원장과 신OO은 반바지를 입고 밤새 구타로 인해 온몸에 멍이 든 모습을 드러낸 상태로 노래와 구호로 농성을 시작했다. 중간에 몇 명씩 돌아가며 병원에서 진단을 받기로 하였는데 온몸에 멍이 든 사람, 손가락 골절, 광대뼈 함몰 등 전치 2주에서 6주까지의 진단이 나왔다.

태연물산은 4공단의 삼익악기와 진도 사이에 있었는데 12차선 대로 앞에 있어 눈에 띄는 곳이었다. 길 건너편에는 삼화고속 매표소와 정류장이 있어 차량 통행도 많고 지나는 사람도 많았다. 온몸에 멍이 든 여성 노동자 30명이 대로변에서 농성 중인 모습은 지나는 사람들, 특히 출퇴근길의 노동자들의 관심을 끌었다. 외신기자가 카메라를 들고 와서 인터뷰를 하기도 했다.

퇴근 시간이 되자 시민과 노동자들이 모여들었다. 수가 점점 많아져 8시가 넘어서 2백여 명이 되었고 결국 부평경찰서에서 서장의 지휘하에 연행이 시작되었다. 조합원 18명과 시민 16명이 연행되었으나 밤에 풀려났고 새벽 2시부터 다시 회사 앞에서 농성을 시작했다.

8월 15일은 휴일이지만 회사에서는 그동안 한 번도 가지 않았던 야유회를 떠났다. 이날 야유회에 가려고 온 남자 기사를 붙들고 진술서와 사과문을 받기도 했다. 다음 날까지 빈 회사를 지키며 노숙 농성을 계속했다. 정문 앞의 농성과 퇴근 시간 집회로 자연스레 이어졌다. 이는 8월 19일 합의 때까지 이어졌다.

노조 만들 때와 처음 농성을 시작할 때 지원해 주었던 한독금속 노동조합은 꾸준히 연대하며 도움을 주었고 이미 파업 농성을 진행하고 있던 코리아스파이서에서는 꽤 먼 거리인데도 아침 구보를 진행할 때 일부러 들러서 우리가 안전한지를 확인하곤 했다. 200명에서 500

> 호소합니다 !!!
>
> 지금 태연물산 지하실에서는 25명의 여성 노동자들이 폭력적인 관리자와 구사단에 둘러 싸여 감금당한채 끔찍한 폭력에 맞서 외로운 투쟁을 벌이고 있습니다.
>
> 오늘 (13일) 1시 태연물산 조합원들은 민주노조를 탄압하려는 시청과 회사에 대항하여 투쟁으로 민주노조를 쟁취하기 위해 3층 개발실에서 농성하던중 문을 부시고 들이 닥친 관리자들에 의해 무차비하게 끌려 나가 3층 계단에서 부터 굴러져 지하실에 내팽겨쳐 졌습니다.
>
> 이 과정에서 위원장은 얼굴과 온몸에 멍이 들고 다른 조합원들도 손가락이 부러지고 발길질로 얼굴과 온몸을 차이는 등의 온갖 폭행을 당하고 있습니다.
>
> 398766

농성이 시작된 후 현장 동료에게 쓴 홍보물

명까지도 모였던 회사 앞 집회는 자연스레 4공단의 파업 학교의 역할을 했다. 시민들이 박카스 상자에 즉석 모금을 했고 삶은 계란, 요구르트, 빵 등이 집회가 끝나면 수북이 쌓여 있고는 했다.

그러는 동안 주변의 공장에서 노조를 만들고 파업 농성을 하는 회사들이 많아졌다. 당시 삼익악기에서도 파업 농성이 시작되어 회사를 점거하고 나서 우리에게 큰 북을 가져다주었다. 점심시간이나 집회 때 두드리면서 노래와 구호를 외쳤고 이 북은 태연물산 투쟁 이후 부평의 파업 농성장에서 다른 농성장으로 건너가면서 투쟁에 힘을 더하는 역할을 하였다.

〈늙은 군인의 노래〉를 개사도 없이 불렀고 동요나 교회에서 배운 복음성가도 개사하여 불렀다. 가장 기억에 남는 것은 "오이밭에 오이가"로 시작되는 경쾌한 노래였는데 간단한 율동과 함께 부르면 조합원에게도 주변 시민에게도 인기가 좋았다. "일해도 보람도 없는 노예 같은 노동은 싫어"로 시작되는 〈8시간 노동의 노래〉도 자주 불렀다.

우리의 농성은 인천 지역의 노동자와 시민들의 지원으로 계속되었다. 빵 쪼가리로 끼니를 때우는 우리가 안타까워 주먹밥을 가져다주는 분도 있었고 구사대로부터 우리가 또 폭력을 당할까 걱정하여 16일 밤부터는 지역의 노동자들 몇몇이 자발적으로 규찰대를 만들어 회사 주변을 돌면서 지켜주기도 했다.

첫 교섭은 공개 교섭

농성이 시작되고 닷새째 되던 8월 17일 출근 시간에 현장 라인을 책임지며 같이 일했는데도 구사대로 폭력을 행사한 김 주임이 출근하자 일제히 다가가 사과하라며 실랑이를 하다 티셔츠가 찢어지자 회사 안으로 빠르게 들어가 버렸다. 계속해서 폭력과 욕설을 일삼았던 좌대리를 잡아 모여든 시민들 앞에 앉히고 사과를 요구하던 중 부평경찰서에서 경찰차가 나와 그를 태우고 도망가 버렸다. 며칠간 노숙 농성을 했는데도 조합원의 기세가 꺾이지 않고 우리를 보러온 시민들이 더 늘어나자 드디어 1차 교섭이 시작되었다. 노동조합의 교섭은 처음이라 민주노조의 교섭은 밀실이 아니라 공개적으로 해야 한다고 생각한 우리는 회사 앞마당에서 오후 3시부터 교섭을 시작했다. 그러나 사장이 노조를 인정할 수 없다고 하여 바로 결렬되었다. 밤 9시가 넘어서 2차 교섭이 시작되었다. 이번에는 식당에서 농성자 전원이 보는 가운데 진행되었다. 교섭 시작 때 사측 교섭 대표인 하 부장이 위원장에게 "미스 박"이라고 부르자 현장 교섭 위원이 강력히 항의하였다. 노조와 회사와의 교섭이니 대등한 관계이니 위원장이라고 부르라고 했고 결국 회사가 수긍하여 호칭을 정리하였다. 요구안을 놓고 서로 공방을 주고받았으나 사측이 회사에 동조하는 학생과 일반인을 업저버 자격으로 부르자고 하여 결국 결렬되었다.

분열을 위한 제안, 학생 출신만 빼면 100%

농성 엿새째인 18일, 고소에 필요한 서류를 떼러 내가 잠깐 회사를 비웠는데 그사이에 사측에서 '위장취업자'만 빠지면 노조도 인정하고 우리의 요구안을 100% 들어주겠다는 제안이 들어왔다. 이건 중요한 변곡점이 될 수 있는 이야기라 농성자 전원의 토론 시간을 가졌다. 사실 나는 내심 이건 시대적 한계라는 생각으로 이 안을 받아들이는 게 어떤가 하는 생각을 했다.

87년 여름의 투쟁은 임금 인상과 근로조건 개선을 내걸고 점거 농성을 시작하면서 노조를 만드는 것이 보편적이었다. 당시 회사들의 반응은 노조를 포기하면 다 들어주겠다고 약속하여 노조를 포기하는 일이 초반에 많이 일어났다. 중반에는 노조를 포기할 수 없다고 하면 위장취업자만 내보내면 노조는 인정하겠다고 하며 합의하는 경우가 많았다.

우리 회사의 노조는 비록 우리가 일반인 대부분인 63명이 가입한 노조이지만 아직 신고필증을 받지 못해 불안감이 있었고 현장에 구사대가 상존하는 가운데 노동조합을 살리려면 시대의 대세에 따라 우리 몇 명이 빠지는 것도 좋겠다는 생각이 들었기 때문이다.

그러나 전체 회의에서 농성자들은 '위장취업'이라는 말은 마치 범죄자 같다며 대신 '학생 출신 노동자'라고 부르자고 했고 경력을 속였어도 노동자인데 대학생 출신이라고 노동자가 못 된다는 것은 노동자를 무시하는 것이다. 노동자는 못 배우고 가난한 사람만이 되는 것이 아니라며 이 제안은 민주노조 탄압의 연장선이라고 하며 분열하지 말고 더 단결하여 끝까지 민주노조를 지켜내자고 결론을 내렸다. 이러한 동료들의 결정은 농성이 시작되고 밤새 감금되어 맞고 나와서도 다시 투쟁하자고 했던 그 결정 이상으로 나를 깨우쳤고 내가 수십 년간 계속하여 노동운동을 하게 하는 원동력이 되었다고 생각한다.

단결과 연대로 쟁취한 승리, 현장으로 돌아가다

우리를 분열시키는 데 실패하자 그날 밤 다시 교섭이 열렸고, 처음으로 노조를 인정하고 단체협약을 체결하기 위한 교섭다운 교섭을 시작했다.

다음 날 새벽 4시 30분부터 4차 교섭이 재개되었고 수많은 휴회를 거치며 교섭을 거듭한 결과 우리의 요구는 100% 관철되었다. "일당 1,000원 인상, 호봉 200원 인상, 보너스 400%, 폭력 사태에 대한 공개 사과, 해고자 복직, 노조 활동 보장" 등에 합의했다. 합의안에는 미성년자인 학생들의 노동시간을 7시간 이내로 해야 한다는 것을 비롯하여 비록 노조에 가입하지 않았지만, 공부를 위해 타향에 와서 일을 하는 학생 노동자의 보호에 대한 내용과 임금 인상 등을 똑같이 적용하는 내용도 포함하였다. 또 당시 협약에 꼭 들어가곤 했던 "민형사상의 책임을 묻지 않는다"라는 문구도 들어있었다.

법이 아니라 투쟁과 단결로 노조 인정을 받은 우리는 노조 사무실도 얻고 위원장인 박인숙이 상근을 하게 되었다. 노동조합 현판식을 할 때는 주변에 새로 생긴 노동조합들과 연대했던 시민들이 와서 축하해 주었다. 고사를 지낸 뒤 뒤풀이에서 그동안 회사가 내가 학력을 숨기려 일부러 글씨를 엉망으로 썼다는 악선전을 했기에 조합원들이 칠판에 글씨를 써 보라고 했다. 열심히 써도 엉망인 나의 악필에 모두 웃으며 즐거워했던 일도 있었다.

어려운 투쟁이었으나 승리하고 한 사람의 낙오도 없이 모두 같이 회사에 돌아가서 노동조합 활동을 했던 즐거운 시절이었다. 교육도 하고 소식지도 만들고 다른 노조 방문도 하고 반지하의 작은 노조 사무실이지만 달걀도 삶아 팔며 소비조합을 꿈꾸기도 했다. 확실히 식사도 좋아졌다. 주변에는 끊이지 않고 노동조합이 생기고 파업이 일어나며 노동자들의 권리를 찾는 축제와 같은 분위기였다. 그러나 그 기간은 고작 한 달이었다.

대통령 선거로만 쏠리는 관심 속에 노동 탄압이 시작되다

6월 항쟁의 방향이 직선제와 대통령 선거로 흘러가고 노동자들의 투쟁에 관심을 보이지 않을 때 반격이 시작되었다. 「조선일보」를 비롯한 신문에서 어느 회사에서는 교섭에 나온 사장을 감금했다느니 사장을 통에 놓고 굴렸다느니 하며 노동자들의 투쟁을 불법과 폭력으로 몰고 가는 기사가 실리기 시작하고 노동자들의 구속이 시작되었다.

이 분위기 속에서 인천시청은 노동조합 설립 신고한 지 37일이 지난 9월 중순에야 우리 노조가 임원이 1년이 안 돼서 자격 미달이라며 신고필증을 반려했다. 회사는 즉시 회사 경리를 위원장으로 관리자들을 중심으로 한 어용노조를 설립했다. 부평경찰서 작전 게시판에 9월 하순 날짜로 회사 이름들이 여럿 적혀있는데 경동산업과 태연물산이 있다는 말이 전해졌다. 며칠 뒤 저녁 늦게 조합 사무실에 있던 활동가 2명이 잡혀갔고 다시 이틀 뒤 현장에서 부평경찰서 형사에게 나를 비롯한 3명이 연행되었다. 사무실에 온 형사에게 라인에 인사를 하고 가겠다고 한 뒤 소식을 알리자 조합원들이 한데 뭉쳐 저항하였으나 결국 연행되었다.

연행과 구속을 예감한 활동가 모임에서는 활동력이 있는 위원장이 구속되지 않는다면 민주노조는 유지될 것이니 패배가 아닐 수 있다는 전제로 주동자를 물으면 위원장은 아무것도 모르는 순수한 노동자이고 모두 학생 출신 활동가가 주도하였고 특히 나이도 많고 노조 임원인 나에게 미루기로 말을 맞춘 상태였다.

이는 조사 과정에서 잘 지켜져서 실제로는 많은 활동을 주도했던 위원장의 비중을 낮추는 데 성공하였다. 그래도 불안하여 우리가 폭력으로 고소한 사건에 대한 진술 차 위원장이 부평경찰서에 들어올 때면 당시 인권위를 담당했던 정희윤 선배가 동행하곤 했다. 위원장은 현장에서 조합원들과 함께 조합 활동을 모범적으로 계속하였고 이후 태연물산 노조 탄압에 연대했던 노조들이 연대의 필요성을 투쟁을 통해 느끼고 이는 인노협(인천지역노동조합협의회)을 만드는 기초가 되었다.

비록 소속한 조직이나 정파가 달랐지만 현장 중심 결정을 지켜서 어려운 농성 투쟁을 함께 해내고 본인들이 구속되는 과정에서도 민주노조를 지키기 위한 합의를 지켜냈던 태연물산의 활동가들에게 경의를 표한다. 또 노조를 만들고 투쟁하고 지켜나가는 순간순간 우리를 지원해 주었던 공실위를 비롯한 지역의 단체들과 한독금속을 비롯한 신생 노동조합들의 도움 또한 태연물산 노동조합에 큰 힘이 되었다.

폭력의 피해자가 폭력의 가해자로 구속되다

사실 민주노조 탄압의 정세 속에서 구속은 예감했지만 나에게 적용된 법률은 어처구니없게도 '특수폭력'이었다. 8월 15일에 분노한 조합원들이 도망가는 김 반장을 잡으려다 찢은 5천 원 상당의 티셔츠가 '재물 손괴'였고, 교섭을 피하던 사장이 형식적인 교섭에 참가하고 나서 몰래 빠져나가려는 것을 규찰대들이 저지하고 회사에 머무르게 한 것이 '다중의 위력으로 감금'한 것이 되었다. 조직 폭력배를 포함한 구사대의 폭력을 당한 대표적인 여성 사업장인 태연물산에서 막상 폭력의 피해자들이 폭력을 행사한 것으로 구속된 것은 아이러니였다.

집행유예를 받고 대선 전날에 풀려났다. 위원장은 입사 1년이 되기 전날인 11월 17일에 해고된 상태였다. 1년이 되어 임원 자격이 생기는 것을 두려워한 회사가 하루 전날 해고한 것이다. 당연히 퇴직금도 주지 않겠다는 생각도 있었을 것이다. 노동조합들이 많이 생겨나고 기존의 노동법이 노조를 만들거나 투쟁을 하기에 악법인 요소가 있었지만 아직 노동법을 개정시킬 힘이 없었다. 당시는 오히려 대통령 선거에 몰두하여 노동자들의 투쟁에는 관심이 없었고 그를 틈 타 말도 안 되는 노조 탄압이 들어온 것이니 더 말할 나위도 없었다.

결국은 정치권이 아니라 노동자들의 각성을 통해 88년, 89년 우리나라 역사상 가장 많은 신규 노동조합을 만들고 기존의 어용노조를 민주화해 가며 스스로 권리를 찾아 나가는 여정이 계속되어 근로조건을 개선하고 인간다운 대접을 '쟁취'하는 기초를 만들었다고 할 수 있다. 노동법 개정 운동 또한 노동조합이 많이 조직된 이후에야 본격화되어 지금은 두 명만 모이면 노조를 만들 수 있고 노조 임원에도 1년 이상 같은 자격조건이 붙지 않게 되었다. 위원장인 박인숙은 해고되고 나서도 노동조합 연대를 열정적으로 진행하였고 나중에 인노협 사무차장으로 실무 총괄을 하게 되었고 민주노총 인천본부를 거쳐 지금까지 다양한 활동을 하고 있다.

노동조합 연대와 사무장 모임

석방된 다음 날, 당시 부정선거에 항의하며 농성을 시작했던 구로구청 농성장을 방문했고 인천에서 벌어지는 노조 탄압에 항의하는 작은

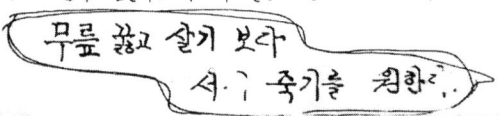

구속 기간에 발행된 태연물산 노동조합 소식지

노조 간부들의 사무실 점거 농성을 지키느라 인천에 돌아온 사이, 언론을 통해 구로구청의 침탈을 알게 되었다. 하루하루가 역동적이고 할 일이 많은 나날이었다.

석방되고 특별히 감사를 하려고 했던 사람이 둘이 있었다. 한 명은 우리가 개발실 농성에 들어가기 전날 마침 해인교회에 있다가 우리의 정문 앞 농성을 조용히 끝까지 함께 지켰던 공실위 소속의 이보영 활동가이다. 다른 한 명은 내가 구속된 후에 위원장의 해고에 항의하는 노조 연대 집회에서 그동안 방관하던 형사가 보는 앞에서 폭력 구사대 정○○의 칼을 맞아 피가 튀는 부상을 입은 것으로 정○○을 구속하게 만든 장본인인 대흥기계 홍상철 사무장이다.

마침 나는 석방된 후에 당시 인천의 노동조합 연대의 실무 중심이었던 '사무장 모임'에 나가기 시작했다. 당시 노조를 만들 때 비교적 회사를 오래 다니고 나이도 있는 사람이 위원장이 되고 활동력과 실무력이 있는 사람이 사무장을 하는 경우가 많아서 사무장 모임은 실제로 노조의 살림과 활동을 맡는 사람이었고 연대로 진행하는 교육, 문화 행사, 집회 등을 결정하고 실무를 담당하고 있었다.

내가 구속되어 없는 동안은 사무장 모임에 위원장이 나가고 있었으나 내가 석방되자 자연스럽게 사무장이었던 내가 그 모임에 나가게 되었다. 사무장 모임의 주축은 대흥기계, 한독금속, 남일금속, 코스모스전자, 신광전기, 대한 마이크로노조의 사무장들이었고 당시 공실위의 활동가가 함께 모임에 참여하고 있었다. 사무장 모임은 인노협이 만들어져서 새로 체계를 갖추기 전까지 활동을 활발히 하였다. 지금도 연락하여 만나는 이들이 있을 정도로 인연이 오래 갔다.

또한 나는 앞서 칼을 맞았던 대흥기계 사무장과 사귀게 되어 1990년에 결혼을 하여 35년째 서로 옆을 지키고 있으니 87년의 노동조합 설립과 연대 활동은 개인적으로도 의미가 깊은 일이었다.

태연물산 노동조합 다시 부활하다

　태연물산은 우리가 해고된 상태에서 어용노조의 위원장을 생산직의 새로운 반장으로 입사한 김00을 세웠다. 그는 처음에는 회사의 말만 믿고 우리에 맞서 "위장취업자 물러가라"며 데모를 했던 사람이었으나 오랜 현장 경험이 있는 성실한 사람으로 이제는 제대로 노동조합 운영을 하고 싶어 했고 우리와 연결되었다. 우리는 다른 노동조합도 소개해 주고 노동조합 운영에 대한 조언과 교육을 소개해 주었다.
　또 폭력배가 여전히 남아 있는 현실에서 현장의 압박을 덜어주고 우리의 건재함을 보여 줄 요량으로 출근 투쟁을 하기도 하였다. 당시 4공단의 코스모스전자의 투쟁을 지원하느라 밤을 새우다가 아침에 바로 태연물산 정문으로 가서 출근 투쟁을 했던 일이 기억에 남는다.
　몇 개월 뒤 낌새를 눈치챈 회사에서 폭력배를 시켜 노조 사무실을 때려 부수는 행패를 부리자, 그 위원장은 사표를 쓰고 나가게 되었다. 노조는 유명무실해졌고 몇 년 뒤에 완전히 새로 들어온 노동자들이 다시 민주노조를 건설하여 활발하게 활동하게 된다.
　새롭게 문을 연 태연물산 노동조합 간부들은 인천도시산업선교회에서 역사교실의 학생으로 입학하여 가깝게 지낼 기회가 있었다.

V. 인노협과 인천도시산업선교회

노조 간부에서 노조 지원활동가로

정식으로 인천지역노동조합협의회(인노협)이 결성되어 박인숙 위원장은 사무차장으로 또 태연물산 해고자인 현윤애는 만화를 그리고 글을 쓰는 재주가 있어 홍보부장으로 일하게 되었다. 태연물산 출신의 활동가가 두 명이나 인노협에서 일하게 될 정도로 태연물산 노동조합 투쟁은 인노협 결성 과정에도 이후 운영에도 많은 역할을 담당했던 것이다.

그동안 나는 사무장 모임을 계기로 인노협 추진위원회 단계에서 조사통계부장 모임 진행, 투쟁하는 노조 지원, 노동조합 건설 지원 등의 일을 하며 지냈으나 이제 새로 형식을 갖추어 출발하는 인노협에 나까지 합류할 필요는 없다고 생각했다. 같은 사업장 해고자가 셋은 너무 넘쳤다. 그 무렵 내가 인천에 처음 올 때 관계 맺었던 인천도시산업선교회의 이민우 선배로부터 그 산하의 일꾼자료실에서 함께 일하자는 제안이 들어왔다. 일단 반 상근을 하다가 계속하게 될지 판단하자는 제안이었다. 사실 나는 인천산업선교회에 대해 친근감이 있었고 당시로서는 작게나마 상근자의 월급이 있는 곳이어서 바로 일을 시작하게 되었다.

태연물산

태연물산 노동자 50여명은 지난 7월 그동안 몇차례에 걸친 회사측의 싸움과정의 결과로써 노동조합을 결성하였다. 그러나 회사측에서는 노조에 대해 갖은 방해공작을 하기 시작하였으며, 또 한편으로는 어용노조 결성을 추진하였다. 분노한 조합원 27명은 지난 8월 13일 민주노조를 사수하겠다는 결의를 다지고 3층 사무실을 점거, "민주노조 만세"가 적힌 현수막을 내걸고 농성을 시작하였다. 그러나 5분만에 문을 부수고 들어온 구사단의 살인적인 폭력에 의해 진압, 3층에서 지하실로 내던져지며 지하실에 감금되었다.
- 1987, 태연물산 민주노조 쟁취 투쟁 가열차게 타오르다 -

01 1987년 태연물산 노동자들과 북한산 봄 나들이
02 조합원들과 함께
03 부평지역 노동조합원들의 산악회 "해오름 산악회" 회원들과 함께
04 1987년 태연물산 노동조합 현판식
05 부평지역 노동조합 산악회원들과 함께

일꾼노동문제자료연구실

일꾼자료실이라고 줄여 부르고는 있지만 온전한 이름은 '일꾼노동문제자료연구실'이다. 이름 그대로 일꾼, 즉 노동자들의 노동문제에 대한 자료나 책을 수집하여 가지고 있고, 노동자들에게 도움이 되는 자료도 만들고 교육도 하는 곳이었다.

내가 들어갔을 당시 일꾼자료실에는 글 쓰는 능력으로나 정책 역량으로나 인천에서 어디서도 빠지지 않는 선배 두 분이 이미 일을 하고 있었다. 노동 상담보다는 새로 생겨나는 노동조합에 도움이 되는 쉽고 유용한 자료를 기획하고 만들었다. 임금 인상을 준비하는 노동조합에 도움이 되고자 통계부터 임금의 의미까지 망라하고 임금 인상의 근거를 쉽게 정리하여 교섭에 도움이 되도록 하였다. 만화와 그래프도 삽입하여 소책자의 형태로 제작하였다. 임금 인상에서 시작한 자료는 이후 수입 개방 등 시의적인 자료까지 포함하여 발행하였다.

일꾼자료실장이던 이민우 선배는 인천 지역의 궂은일을 쫓아다니며 해결하는 대외적인 일을 주로 담당하였다. 실제로 자료를 제작하는 일은 선배 두 분이 주로 진행했고 나도 기획과 제작에 일부 참여하였다. 나에게는 글 쓰는 훈련도 되는 유익한 시간이었다. 사실 나는 자료보다는 주로 교육에 관심이 많았다. 태연물산 노조 사무장을 할 때도 교육을 담당했었다. 일꾼자료실에서도 교육을 중심으로 활동하였다.

당시는 새롭게 많이 건설된 노동조합을 지원하기 위해 많은 상담소들이 존재하고 있었다. 각기 독자적인 교육 프로그램을 진행하거나 상담을 주로 하고 있었다. 제각각 진행하는 교육도 필요하지만 그 시기에 필요한 내용을 노동조합 간부를 대상으로 공통으로 진행하는 것이 효율적이라는 생각으로 대표적인 상담소 5-6개가 연합하여 교육을 기획하고 실시했다. 대상은 인노협 소속 노동조합 간부이거나 어용노조 민주화를 목표로 활동하는 대기업 간부들이었고 주로 정세와 관련한 교육을 진행하였다.

이 일을 2년 정도 진행했다. 매번 50명 이상이 참여하며 성황리에 진행되었다. 회의는 짧게 친목은 길게, 일은 분담하여 확실하게 진행하였다. 강의의 평가도 좋아서 사람도 좋고 일도 잘되는 좋은 경험이었으나 상담소의 담당자들이 바뀌기 시작하고 일회적인 강의의 기획이 한계에 부딪히면서 2년 정도밖에는 지속하지 못하였다.

역사를 바로 알아야 역사의 주인이 된다 - 일꾼역사교실

87년과 88년에 만들어진 노동조합들은 2~3년이 지나자 임금 교섭이나 단체협약, 회의 진행 등의 실무적인 진행은 스스로 할 수 있게 되었다. 또 인노협이라는 노동조합 간의 연대 단위가 있어서 체계적인 지원도 가능했다. 다만 준비되지 않은 리더십들이 많아서 노동조합 활동이 개별적, 경제적 활동에만 머무르게 될 우려가 있었다. 많은 상담소에서 정치, 경제, 사회 등 종합적인 4-5회의 교육을 실시했다.

그러나 노동조합 간부들의 의식을 확장하는 데는 한계가 있었고 노동조합 중에는 그런 교육에 보냈다가 특정한 정치조직에 들어서 노동조합 활동에 지장을 줄까 봐 기피하는 경우도 있었다. 조직하지는 않으면서 의식은 확장하는 교육을 준비하는 데는 특정 정파가 주도하지 않는 인천산선에서 진행하는 것이 좋겠다는 생각이 들었고 내부의 논의 결과 역사교육이 선택되었다.

노동자의 눈으로 역사를 바로 보고 역사의 주인이라는 사명감과 자부심을 가지게 된다면 노동조합 간부로서도 한 사람의 선진 노동자로서도 제 역할을 할 수 있을 것이라는 결론을 내렸다. 주변으로 눈을 돌리자 서울의 영등포산업선교회에서 노동자 역사교실을 시작했다는 말을 듣고 우리도 역사교실을 시도해 보아야겠다는 생각이 들었다. 당시『다시 쓰는 한국현대사』의 저자이던 박세길을 만나 영등포 산선의 역사교실 이야기도 듣고 인천에서도 시작해 보자고 제안했다.

역사교실을 준비하기 위해서는 일꾼자료실에 있는 실무자로는 턱도 없었다. 시대로 나누고 제대로 준비하기 위해서 앞서 진행한 상담소들의 연합 방식의 준비가 필요하다는 생각이 들었다. 일꾼자료실의 실무자도 모두가 역사교실에 집중할 수는 없어 마침 우리나라 역사에 관한 책을 썼던 김재홍 선배와 나 둘이 참여했고 박세길 그리고 통일문제에 관심이 많고 지역에 발이 넓은 조성범 선배가 만나서 준비를 시작했다.

또 이 뜻에 동의하는 상담소를 찾아 역사교육을 준비할 것이니 한 명씩 보내달라고 했다. 처음에 기획을 같이했던 조성범 씨는 빠지고 지역의 상담소에서 한 명씩 추천받은 사람을 모으니 모두 합쳐 여덟 명이 모였다. 일단 이름을 '일꾼역사교실'로 명명하였다. 일꾼자료실이 중심이 되기도 했고 노동자를 위한 역사교육이니 '일꾼역사교실'은 정말 딱 맞아떨어지는 이름이었다.

역사교실 교사로 모인 사람들은 제한을 두지 않았으나 나중에 보니

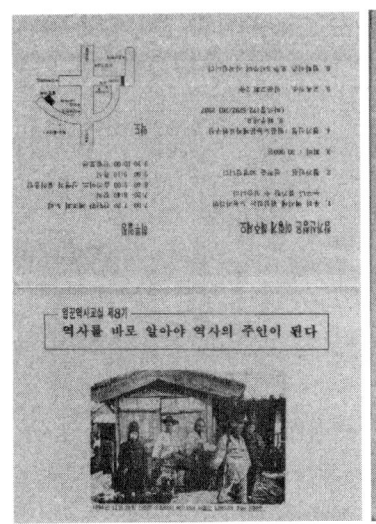
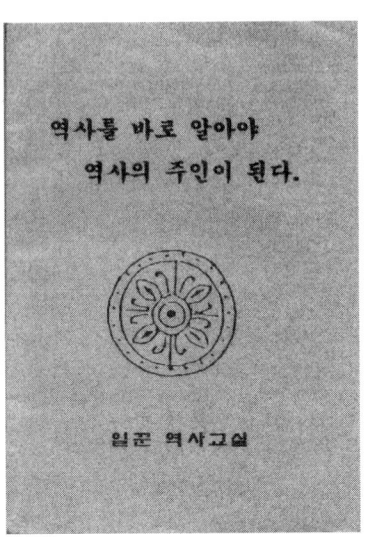

역사교실 전단지와 교재

역사를 전공한 사람들도 있었고 전공은 아니라도 역사책을 쓴 사람도 둘이나 있는 쟁쟁한 멤버들이었다. 그럼에도 우리는 노동자에게 맞는 교육을 준비하기 위해 같이 공부하고 토론하고 강의 리허설을 반복했다. 강의하는 사람뿐 아니라 토론에 들어가는 교사들이 모두 같은 내용을 숙지하였다.

한국 근현대사 내용은 학교에서 거의 다루지 않고 설사 배웠더라도 심하게 왜곡되어 있기 때문에 학생들의 충격을 덜고 잘 인도하는 일이 필요하여 교사들은 시간과 에너지는 쏟아 토론하고 교육을 준비했다. 사실 역사 전공과는 아무 상관 없던 나는 역사교실의 교사들과 보조를 맞추는 데서 더 나아가야 한다고 생각했기 때문에 내 인생에서 가장 열심히 공부했고 가장 길게 회의를 했던 시간으로 기억에 남는다.

1992년 일꾼역사교실 입학식에서의 필자

처음에는 함께 준비한 사람들로 역사교실을 운영하였으나 이후 교사가 결원이 생기면 역사교실 졸업생 중에서 교사를 선임하는 방식으로 진행했고 기를 거듭해도 연구와 리허설, 교육평가, 학생 지도를 위한 회의는 여전히 필수여서 회의 시간은 줄어들지 않았다는 슬픈 후일담이 있다.

일꾼역사교실은 8회에 걸쳐 진행했고 학교와 같이 체계를 갖추어 진행했다. 초대 교장은 이민우 선배, 나는 교감, 다른 이는 교사라고 불렀다. 입학식과 졸업식이 있었고 수업은 강의와 슬라이드, 토론으로 진행되었다. 조를 나누어 반으로 부르고 8주를 함께 하며 결속력을 높였고 교사들이 담임을 맡았다. 두 번 이상 빠지면 졸업장을 주지 않았다. 대부분 노조에서 대중 활동을 하고 있기에 어쩔 수 없이 빠지게 되면 보충수업을 받도록 했다. 또한 4주 차에는 강화도로 역사 기행을 가서 현장학습을 했다.

일꾼역사교실은 1990년부터 1995년까지 매해 2차례씩 진행했다.

6년 동안 12기를 배출했고, 졸업생만 500명이 되었다. 10기가 졸업하고는 졸업생들을 모두 모아서 부평4동 성당에서 수백 명이 참여한 가운데 기념행사를 하기도 했다. 졸업하고는 친목 성격으로 동기 모임도 진행했고, 모두가 노동조합 간부이니만큼 교육과정에서 자연스러운 노조 연대도 이루어질 수 있었다. 강의와 치열한 토론을 통해 의식을 확장한 적극적인 노동조합 간부들이 성장하는 기회가 되었다. 그 당시에는 인천에서 어디를 가든 노조 간부 중에 절반 정도는 알 정도가 되었다.

1990년대 노동자를 위한 인문학 교육장 인천 산선

인천산업선교회에는 일꾼자료실만 있었던 것은 아니었다. 일꾼감리교회가 2층에 있었고, 산업선교회 총무를 맡았던 남규우 목사님이 담임목사로 있었다. 지하에는 풍물을 칠 수 있도록 해서 문화부 실무자가 적을 때도 2명 이상 있어서 풍물 강습을 했다. 또한 교회가 있던 2층은 평일에는 역사교실과 같은 자체 프로그램뿐 아니라 지역의 다른 교육을 위해 빌려주는 공간이었다. 가까운 사업장의 노래패나 풍물패가 공간을 빌려 문화 활동을 하는 일 또한 중요한 산선의 역할이었다.

역사교실에서 파생하여 그 분야의 더 깊은 교육을 요구하는 졸업생들이 있어서 경제교실, 철학교실도 진행했으나 1회기에 그쳤다. 인천산선에서는 일꾼자료실과 문화부, 또 당시 전도사였던 김찬국 전도사가 함께 힘을 합쳐서 문화교육을 진행하기도 했다. 『일꾼의 노래』라는 이름의 노래책도 만들었다. 그 토양과 조건이 역사교실을 그냥 역사만

1990년 일꾼역사교실 강화 역사기행(광성보에서)

강의식으로 교육하는 것이 아니라 민주적인 토론, 노래와 연극으로 만드는 졸업 발표회 등 다양한 형태로 진행하여 지속적인 진행이 가능했다.

지금 와서 돌이켜보면 인천산선이 1960~1980년대의 엄혹한 시기에 노동자 상담, 노조 결성 지원, 투쟁 지원의 역할을 수행했다면 87년 이후 노동조합이 스스로 그 역할을 많이 하게 되었을 때 노동조합 자체로 하기 어려운 인문학과 문화를 교육하는 일을 가장 성실하게 담당했다고 생각한다. 산선이라는 건물은 그냥 건물이 아니었다. 3층에는 가건물이지만 인천해고자협의회가 87년부터 자리를 잡고 있었다. 초기에 용접 교육으로 시작해서 해고자 복직 투쟁의 선봉에 늘 해협이 있었다.

인천 산선 실무자와 일꾼역사교실 교사들

또 인천산선은 기독교 기관인 만큼 해외에서 온 인턴이 늘 한두 명씩 있었고 규모도 큰 편이어서 총무를 도와서 회계를 비롯하여 전체를 운영하는 실무자는 필수였다. 모두 7-8명이 상근하고 있었기에 서로 돌아가며 당번을 정해 점심을 해 먹었다. 저마다 자신의 메뉴가 있어서 누구는 매운 칼국수, 누구는 두부조림, 짜장밥 등 메뉴가 반복되었으나 즐거운 시간이었다. 미국에서 온 인턴 한 사람은 미국은 식사 준비 시간은 짧고 대신 식사 시간이 긴데, 한국 음식은 준비 시간은 긴데 10분도 안 돼서 식사 시간이 끝나서 허무하다는 이야기도 했다.

여러 메뉴 중에서도 가장 많이 먹었던 것은 김치찌개였다. 겨울이 다가오면 모든 실무자가 모여서 김장을 함께해서 집에도 가져가고 지하실에 보관하여 겨우내 김치찌개를 끓여 먹었다. 젓갈도 안 넣은 김치지만 가장 맛있게 먹었던 일이 기억에 남는다. 그래서 나는 김치는 담글 줄 모르고 김장은 할 줄 아는 흔치 않은 능력을 갖추게 되었다.

인천산업선교회를 나와 또 다른 활동의 장으로*

둘째를 낳고 쉬는 중에 인천도시산업선교회가 사회복지선교회로 바뀌면서 일꾼자료실을 그만두게 되었다. 3층에 있던 해고노동자협의회와 산곡동에 있던 노동연구소와 합쳐서 인천노동연구원을 만들고 교육실장을 맡았다. 인천노동연구원에서는 다양한 정파의 활동가들이 모여 함께 교육을 준비했다. 또 민주노총 인천본부 교육 위원을 맡아서 노동조합 간부들을 위한 강사 훈련 교육도 했고, 역사기행을 기획해서 동학농민전쟁 유적지를 다녀오기도 했다. 인천 지역의 다양한 활동가들과 함께 일하는 좋은 경험이 되었다. 이후 IMF가 터졌고 실업극복인천본부가 만들어지면서 같이 일을 하게 되었다. 거기서도 교육실장이었는데 주로 한 일은 시민의 기금을 모아 실직자들에게 '쌀 나누기 사업'의 배분을 하는 일이 더 많았다.

왜 여성 노동운동을 하게 되었나?

88년도에 노동조합 지원활동으로 4공단의 동국무역 지원 투쟁을 할 때쯤 노동운동에 관심이 있는 현장에 오고 싶어 하는 여대생들을 만나 경험을 이야기하는데 한 여학생이 "87년 이후 노동운동은 남성 중심, 대기업 중심이 되었는데 당신은 왜 여성 중소기업에 가서 활동을

---

* 인천여성노동자회에서 인터뷰를 정리해서 책을 냈던 『어느 여성 노동자 이야기』(2020)를 바탕으로 보충함.

했나? 이해할 수 없다"고 질문을 하는데 충격을 받았다. 노동운동에서 남성 중심, 여성 중심을 갈라서 생각한 적이 없었다. 지금 노동운동에서 좀 더 소외받는 곳, 더 필요한 곳이 어딜까 생각을 해보니까 여성 노동자들이었다. 그때부터 막연히 나는 마흔이 되면 여성운동 쪽에서 일하리라 생각하고는 했다.

일단은 여성 노동자 조직인 인천여성노동자회에 회원 가입을 했다. 인천여성노동자회는 단체회원이라는 제도가 있어서 다른 단체에서 상근하는 사람들도 회원으로 가입시켜서 소모임 활동을 할 수 있게 했다. 나는 인천산업선교회에서 일했지만 단체회원이라는 정체성으로 여노회 회원도 하고 있었고, 인천노동연구원으로 옮긴 뒤에도 마찬가지로 인천여성노동자회 회원의 정체성을 가지고 있었다. 아이도 여성노동자회에서 만든 나눔어린이집에 종일반으로 다니고 있었다. 퇴근하여 아이를 찾으러 가면 2층에는 여노회 사무실이 있었고, 퇴근하고 들르는 회원이나 최상림 선배와 저녁에 술 한잔하며 이야기를 나누곤 했다.

최상림 선배는 내가 인천에 처음 내려왔을 때 일꾼자료실 책임자여서 함께 교재 작업을 했었고 처음엔 좀 엄격하고 무섭다는 인상으로 긴장하며 만났지만, 나중에는 친해져서 인천여성노동자회에도 비슷한 시기에 가입했고 내가 여노회에 소속감을 가지는 것에 큰 몫을 했다. 아이가 어린이집을 그만둔 이후에도 친한 술친구로 일주일이면 두세 번을 만날 정도로 친했다.

VI. 다시 노동조합으로

전국여성노동조합

나는 단체회원이어서 여성노동자회의 이야기를 촘촘히 알기는 어려웠는데 1999년에 인천여성노동자회 회원총회에서 일하는 여성이면 누구나 가입할 수 있는 '여성노동조합'을 만들기로 했다고 소개가 되었다. IMF 이후에 여성실업본부를 만들면서 상담도 하고 지원을 하고 있는 시기에 여성들이 실직도 많이 되고 있는데 기존 노조가 이를 막아주지 않자, 이 문제를 해결하려면 여성들이 조직화 되어야 한다는 것으로 의견이 모아졌다고 들었다.

그 당시에는 산별노조로 가야 한다는 논의와 함께 작은 사업장의 노동자를 조직하기 위한 지역노조 방식의 노동조합 조직 방식이 많이 논의되던 때였다. 경제 위기로 여성들이 실직을 많이 하기도 하였으나 여성들은 기본적으로 소규모 사업장에 다니는 경우가 많아 기업별 노조로 조직하는 방식으로는 노동조합 조직률이 떨어질 수밖에 없었다.

또한 여성의 생애주기로 보면 결혼과 출산으로 경력 단절이 되는 경우가 많아 직업이 자주 바뀌기도 하니 특정 업종만, 특정 회사만 조직하는 방식은 문제가 있었다. 그러면 우리도 발상을 전환해서 여성들을 조직해 여성노동조합을 만드는 방식으로 의견이 모아졌다. 마침 외국에도 사례가 있었다. 덴마크에는 100년이 넘는 여성노조가 있어 활발하게 조직하고 있었고, 인도에도 지역을 기반으로 하는 다양한 직업의 여성을 조직하는 SEWA라고 하는 여성노동조합이 존재했다.

우리와 자주 비교되는 일본에서도 동경여성노조, 오사카여성노조 같은 여성노조가 만들어졌다. 나는 이 이야기를 듣고는 "'너무 괜찮다. 이것을 해야 한다. 내가 적극적으로 밀어주겠다'라고 했다. 내가 직접 이 일을 할 것이라고는 꿈에도 생각하지 못했다.

여성노동조합을 준비하면서 노동조합을 모범적으로 경험했던 70년대 선배들을 모셔 위원장과 지부장을 하면 좋겠다고 생각하고 최상림 선배와 함께 선배들을 찾아다녔다. 선배들을 만나 위원장을 맡아달라고 설득하고 다녔지만 아무도 하지 않겠다고 사양을 해서 결국 중앙은 최상림 선배가 위원장을 맡고 인천은 내가 지부장을 맡기로 했다. 처음 시작할 때 적극적으로 도와주겠다는 한마디가 발목이 잡힌 것이다. 임기는 2년이었는데 8월에 만들어졌으니까 1년 반만 하고 다른 위원장을 모시면 되겠다는 생각을 했다. 인천지부장을 맡으면서 중앙 부위원장, 정책위원장을 겸하면서 정신없이 바쁘게 활동했다.

처음 전국여성노동조합을 만들고 나서는 사업장과 상관없이 개인가입이 가능하니 정규직을 포함하여 다양한 일을 하는 여성 노동자들이 가입할 것이라고 예상했다. 처음 시작은 소박하게 "근로기준법을 지켜라"라고 산화한 전태일과 똑같이 하면 되겠다고 생각했다. 인천에서 지역 케이블 TV가 하루 종일 나의 일과를 촬영하고 스튜디오에 불러서 대담을 나누는 프로그램에 출연했을 때 여성노조에서 무엇을 할 것인가 하는 질문에 "근로기준법을 지키는 것부터 하겠다"라고 대답했다. 법은 있으나 지켜지지 않는 것이 70년대 전태일이나 지금의 여성 노동자의 상황이 하나도 다르지 않아서 법을 지키는 준법투쟁부터 시작할 거라고 했다. 그러나 노조를 시작하자 기존의 근로기준법만으로는 해결할 수 없는 다양한 고용 형태의 여성 노동자들이 문을 두드렸고 하나하나 문제를 해결할 때마다 단순한 노동 상담이 아니라 노동조합이 왜 필요한지를 시시각각 느끼게 되었다.

우리가 집중한 대상은 현재 여성 노동자의 상황을 볼 때 제일 힘든 사람들이 누구인지 고민하다 비정규직 개념을 만들었다. 그 당시에는 비정규직이라는 단어가 없었다. 계약직, 아르바이트, 파견직, 용역직 등 대상을 망라하는 단어가 필요했다. 이들의 공통점은 기간이 정해져 있어 해고가 쉽고 정규직은 아니라는 점에 착안하여 많은 토론을 거쳐 '비정규직'이라고 부르기로 했다. 그러면서도 이 용어를 못 알아들으면 어쩌지 하고 고민하여 홍보지에는 괄호를 치고 계약직, 파견직, 아르바이트 등이라는 문구를 넣기로 했다.

여성노동자회와 전국여성노동조합이 함께 '여성비정규직 권리찾

2000년 3.8대회에서의 행진 모습

기 운동본부'를 띄웠고 얼마 지나지 않아 비정규직이라는 말은 내가 교육을 갔던 복지관의 노인들도 아는 단어가 되었다. 단어를 둘러싼 다른 에피소드로는 전국여성노조를 만들고 바로 국제세미나를 했는데 대부분 아시아에서 참석한 외국 참석자들이 비정규직(영어로 irregular 로 번역)이라는 말을 이해하지 못했다. 노점상이나 가사사용인과 같은 내용으로 이해하기도 했다.

최저임금 문제를 처음으로 공론화

2000년에 인하대학교 청소 용역회사가 청소 미화원 한 명을 산곡동 아파트 공터로 발령을 냈다. 부당하다고 생각한 당사자가 총학생회에 찾아가 상담을 했고 민주노총과 여성노조를 안내해 줬다. 민주노총은 중장년 여성을 조직해 본 적이 없다고 우리에게 연결시켜 줘서 결국 여성노조가 맡아서 상담을 했다. 카리스마가 있고 신념도 분명한 이 사람을 따르는 사람이 17명이 있었다. 노조를 만들기로 하고 강의실을 빌려서 여성노조 분회 창립식을 했다. 처음 해보는 거라 조합원들이 바들바들 떨면서 했다.

용역회사에 교섭을 요청하고 교섭하면서 복직도 하고 임금도 올렸다. 그때 조합원 월급봉투를 받아 보니 익숙한 숫자가 눈에 들어왔다. 421,490원이 그것으로 바로 최저임금 금액이었다. 그 당시 상담을 담당했던 황영미 부지부장이 모니터 앞에 붙여놓은 숫자로 그해 최저임금이었던 것이다. 당시 공공근로 임금이 65만 원 정도여서 최저임금은 그냥 숫자일 뿐이라고 생각했으나 실제로 최저임금을 받는 사람이

2001년 학동 최저임금위원회앞 최초 집회

있다는 것을 알게 된 것이다. 용역회사 측에서도 최저임금을 기준으로 했기 때문에 어긴 게 없다는 것이었다. 여성노조에 말도 안 되게 적은 최저임금 임금을 받는 사람이 있다는 것을 알렸고 최저임금 조사를 하기로 사업계획을 세웠다.

최저임금 조사는 쉽지 않았다. 주로 청소 노동자들을 조사했는데 상근 활동가들이 직접 건물이나 지하상가 화장실에 몰래 들어가 임금 얼마 받는지 물어보고 몇 명에게는 월급봉투를 받기도 했다. 대부분은 최저임금을 받고 있었고 최저임금도 받지 못하는 사람도 20%가 있었다. 중앙에서 이 결과를 가지고 토론회를 했는데 최저임금 위원회, 양대 노총도 최저임금에 관심이 없다는 것을 알게 되었다. 최저임금은 그저 형식으로 정한 것뿐이었다. 대부분은 이주노동자들 임금 기준이라고 생각했다. 우리나라에서는 적지만 자기네 나라에 가면 큰돈이라고 사소하게 생각을 했다가 우리나라 여성 노동자들이 최저임금을 받고 있다고 하니 큰 반향이 생긴 것이다. 토론회를 마치고 최저임금위원회가 열리는 날 아침 최저임금위원회 공익위원 면담을 하러 갔다.

　최저임금이 너무 적어서 청소 노동자들이 살아갈 수 없다고 하면 그럴 리가 없다는 말을 했다. 실제로 이 월급을 받는 사람이 있겠냐고 하며 통 믿지 않아서 월급봉투를 복사해서 다 돌렸다. 아무렇게나 정하면 안 된다고 했다. 상여금도 식대도 하나도 없다는 것을 알렸다. 당신들이 정한 최저임금이 이 사람들의 생계비다. 당시 강남구 학동에 있던 최저임금위원회 앞에서 시위하고 공익위원들 양심에 호소하기도 했다. 이 활동은 효과를 거두어 전해에 16.6% 올려 한 자릿수로 올릴 것이라던 최저임금은 12.6%를 올릴 수 있었다. 이 캠페인은 계속되었다. 다른 곳에서 관심이 없을 때 여성노조, 여성노동자회와 여성단체가 모여 캠페인도 하고 투쟁을 하면서 5년 동안 최저임금을 두 배 가까이 올리는 성과를 거두었다.

당사자의 목소리는 힘이 세다

　최저임금 운동을 최저임금을 받는 당사자들이 얼굴을 드러내고 목소리를 높였다. 그전에는 어디서 청소를 한다면 동네에 창피해서 얼굴을 드러내지 않았지만 얼굴을 드러내서 국회에 가서 증언을 하고 기자회견을 했다. 예전 같으면 부끄러워 내밀지 못했던 가계부로 가난을 드러내면서 최저임금을 올려냈다. 단순히 자신의 월급만을 올리기 위해서라면 하기 힘든 일이지만 최저임금을 받는 여성 노동자의 당당한 목소리를 들려주는 것으로 보이지 않는 수많은 저임금 노동자의 임금을 인상시킨 것이다.

노동운동이 다른 운동과 다른 점은 자신의 이익을 위해 싸우다 보면 다른 많은 노동자의 이익을 만들게 된다는 점이라고 말해준 어떤 이의 고백에 머리를 끄덕였고 노동자 교육을 할 때면 그 말을 하곤 했다. 87, 88년의 노동자들의 투쟁이 그러했다. 한 사업장이 노동조합을 만들어 투쟁을 해서 노동조건을 좋게 만들면 인근의 다른 노동자들의 조건이 덩달아 좋아졌다.

2000년에 시작한 인하대 청소 노동자들이 시작한 최저임금 인상 운동은 내 임금이 이렇게 작다, 내가 여성 가장이다, 이런 것들을 보여주면서 자신의 임금 기준을 올리고 모든 노동자의 기준임금을 올려내는 투쟁이었다. 인하대학교 청소조합원들은 최저임금을 우리나라에서 최초로 문제 제기한 당사자이며 이 운동을 꿋꿋이 계속하고 있다는 자부심이 있다.

2013년 명동 청소노동자 당사자의 최저임금캠페인

짧았던 1회차 전국여성노조 위원장 활동

인천지부장으로 있다가 2005년에 전국위원장직을 맡게 되었다. 건강이 좋지 못해서 망설임이 있었으나 인천은 수도권이다 보니 아무래도 서울의 중앙활동으로 가게 되기가 쉽다. 또 초대 위원장이 너무 고생을 한 터라 다른 여성 노동자를 위한 역할을 할 수 있도록 위원장을 누군가 맡아야 될 필요가 있었다.

사실 처음에는 그동안 했던 지역 활동의 연장선으로 생각했다. 정책위원장으로서 많은 역할을 했기 때문에 전 위원장으로부터 물려받아 일하면 되는 줄 알았다. 그런데 너무 열심히 잘했던 전임 위원장과 비교되기도 하면서 첫해에는 어려움이 있었다. 그럼에도 나는 상을 받는 복이 있어서 올라간 첫해에 '올해의 여성상'을 전국여성노조가 받는 쾌거가 있었다. 전임 위원장이 고생한 결과로 주어진 상을 새로 위원장이 된 내가 받게 되어 기쁜 마음과 미안한 마음이 교차했다.

2년 차가 되면서 중앙이라는 다른 무대에 조금은 적응하게 되었다. 그해에 '남편 출산휴가'를 만들었고 2001년부터 조직하기 시작했던 학교 비정규직에 대해 교육부와 사회적 교섭을 통해 '학교회계직 지침'을 만들어서 퇴직금도 만들고 연차휴가도 만들고 불안정한 몇 개월 단위 계약을 1년씩 계약하도록 했다. 또 당시 한국노총만 가능했던 고용노동부 노동조합 지원 조항을 고쳐서 전국여성노조도 지원받을 수 있도록 하여 조합원 교육을 마음껏 할 수 있게 되었다. 다양한 연대활동도 활발하게 했지만 몸과 마음이 조금씩 지쳐가고 있었다. 임기가 끝나고 다시 인천으로 내려왔다.

노동조합을 떠나 인천에서 보낸 4년

2년 동안 위원장 임기를 마치고 인천으로 다시 돌아왔다. 쉬는 마음으로 건강도 살피고 천천히 다른 일을 모색하려 하던 차에 예기치 못한 비극이 생겼다. 김미영 부지부장의 죽음이 그것이었다.

전에 주안에서 노조위원장을 하다가 해고되고 결혼해서 일을 접은 김미영을 길에서 우연히 만나서 여성노조 활동을 권유했다. 김미영은 처음에는 오전 근무만, 그러다 오후 3시까지 하는 식으로 시간을 늘렸다가 결국 상근자가 되었다.

부평의 한 문화센터에서 케이크 만드는 실습을 하고 있는데 남편에게서 전화가 왔다. 김미영이 쓰러져 지금 부평안병원(현 세림병원)에 있으니 병원으로 빨리 가보라는 것이었다. 김미영은 체구도 크고 목소리도 우렁우렁한 당당한 모습으로 술도 세고 힘도 센 후배였다. 내심 여성노조의 훌륭한 지도자가 되리라고 기대하고 있었고 귀염성과 애교도 있어서 조합원들에게 인기도 좋았다.

그날도 조합원들과 호프집에서 맥주를 한잔하다 쓰러졌다고 했다. 택시를 타고 가며 아무 일 없을 거란 기대를 하며 갔는데 병원에선 심폐소생술을 하고 있다고 했다. 병원 마당에서 울부짖는 미영이 남편을 달래며 대기하고 있었으나 미영은 끝내 일어나지 못했다. 1998년에 민주노총에서 일하다 뇌출혈로 죽은 최명아 이후에 또 맞게 된 가까운 후배의 죽음이라 충격이 컸다. 미영이는 지역에서 연대활동도 활발하게 해서 장례식에 정말 많은 이들이 왔다. 지금도 모란공원에 있는 묘에 가보면 활짝 웃고 있는 모습으로 반겨준다.

또 인천에 주로 머무르게 되니 인천계승사업회에서 일을 도울 기회도 있었다. 그중에서도 늘 해보고 싶었던 교육이 버스 빌려서 노동운동의 발자취를 찾고 배우는 내용이었는데 해볼 수 있었다. 부평공단과 대우자동차로 80년대 노동운동의 자취를 찾고 5.3민주항쟁이 열렸던 주안 시민공원과 동일방직, 답동 가톨릭회관 등을 답사하며 그 당시 선배가 나와서 생생하게 증언하는 식으로 진행되었다.

하루에 하기엔 빡빡한 프로그램이었고 예산이 적어 25인승 마이크로버스를 꽉 채워 불편하게 돌아다녔다. 당시 상황을 증언해 주신 선배들에게도 강의료도 못 드리고 양말 세트를 드려 미안한 마음이었다. 또 점심은 대우자동차 노동조합의 지원을 받아 85년 투쟁에서 식판을 엎었던 그 식당에서 먹을 수 있어 비용 절감과 체험이 함께 진행되는 좋은 프로그램이었다.

지금도 인천 민주인권센터의 프로그램과 동일방직을 중심으로 한 '여성 노동자의 길'이란 프로그램이 직접 길을 걸으며 진행하는 것을 보니 그 앞선 프로그램으로의 자부심도 느낀다.

또 시리즈로는 문화를 통해 과거 노동운동을 기억하고 싶어서 '노래로 보는 노동운동사'와 '만화로 보는 노동운동사' 강좌도 실시했는데 아쉽게도 이어지지는 않고 있다. '노래로 보는 역사'는 예전에 주로 불렀던 노동가요를 중심으로 시대상도 설명하고 함께 불러보는 방식으로 진행했고 다시 새로운 버전으로 이어졌으면 하는 바람이다. 만화나 그림 또한 그 시절에 활동했던 사람들이 아직 인천에 있으니 새로 기획하여 지속된다면 좋겠다.

신생 노동조합의 치열한 8년을 정리하고 인천에서 활동하다 보니 시간이 흐르면서 건강도 좋아졌다. 1999년에 진단받아 당장 수술을 권유받았지만 미루고 있었던 난소의 혹이 쉬는 동안 말끔하게 없어졌다. 감마라는 비영리 조직 컨설팅 훈련을 받았고 다양한 비영리 조직의 컨설팅을 하면서 나의 활동도 다시 돌이켜보는 시간이 되었다. 먹고 살 일을 하겠다는 생각으로 자격증 공부도 하겠다고 다짐하여 두 가지나 준비하였는데 결국은 하나도 못 했다. 또 이 기간에 운전면허도 땄는데 사실 나는 대중교통을 좋아하는 사람이라 장롱면허가 되고 말았다.

잠깐 노동 현장을 떠나있었던 4년은 나에게 다른 현장을 만나는 좋은 경험이었다. 노동운동을 하면서 다른 분야를 볼 기회가 많지 않았다. 그 기간 동안 교육을 하면서 자활 참여 주민, 장애인 등 복지 분야에 있는 사람들을 많이 만났다. 인천지부장을 하면서도 사회복지공동모금회 배분위원을 하면서 현장을 많이 다녔지만 자리를 내려놓고 직접 만나는 것하고는 달랐다. 어려움이 처해 있는 사람들을 만나면서 그 사람들이 갖고 있는 희망을 많이 봤다. 그러나 이런 생활에 적응하게 되며 다른 인생 계획을 세우고 있던 차에 다시 여성노조로 돌아오는 일이 생겼다.

다시 돌아온 여성노조에서 10년을 보내다

2011년에 인천지부장이 갑자기 중앙 위원장으로 가게 되면서 지부에 대한 대책이 없었다. 조합원들이 찾아와 임시로라도 지부장을 해달라고 해서 딱 2년만 하고 다음 지부장을 세우겠다고 했다. 처음 시작한

2013년 연세대 송도캠퍼스 청소 노동자 집회에서 발언 중

때와 똑같았다. 그렇게 인천지부장으로 활동을 하는데 중앙 위원장이 2년 만에 그만두게 되면서 선택의 시간이 또 왔다. 지역 지부에 훌륭한 사람들이 있었지만 중앙에 올 수 없는 상태여서 수도권에 있던 내가 결국 또 위원장을 맡았다. 당시는 이명박 정부로 인해 노동운동이 위축되기도 했고 노동조합이 너무 힘든 상태여서 해야 할 일이 계속 보였다. 2013년부터 2년을 지부장과 위원장을 겸직하는 정말 무지한 결정을 했고 2015년부터 2021년까지는 위원장을 했다.

다시 노동조합으로 돌아와서 계속 일을 하고 지부장 위원장 겸임이라는 무리수를 감수하게 된 것은 노동조합을 만들 때의 초심에 대해 아쉬움이 남아 있던 것이 큰 영향을 미쳤다. 노동조합을 만들 때 지부는 가족 같은 분위기를 만들자고 했다. 초기에는 직장은 계속 옮기지만 이웃과 동네는 이어지니 동별 모임을 계획하기도 했고 업종과 상관없이 여성 가장 모임이라거나 송림동 모임 같은 모임으로 시작했다.

혼자 사는 오광숙 언니 환갑을 조합에서 준비한다든가 하는 새로운 가족과 같은 개념의 노동조합 활동을 하려 했던 마음이 있었다. 우리가 서로 보듬고 서로 의지하고 돈 없고 빽 없는 여성들이 기대고 힘을 받는 조직을 만들고자 했다. 초기에 내가 새로 가입한 조합원들을 만나 교육할 때면 여러분은 지금 수백 명의 소중한 인맥을 가진 것이라고 이야기하곤 했다.

여성노조가 만들어졌던 초기에 서울지부 조합원 하나가 의료사고로 죽었는데 병원에서 입을 싹 닦고 모르는 척했던 일이 있었다. 병원을 찾아가 항의하고 청와대에 청원을 해도 개인으로는 해결되지 않던 것을 여성노조 이름으로 병원 앞에 집회신고 내고 다시 청와대에 청원을 하자 결국 병원이 사과하고 교섭이 되어 해결한 적이 있다. 초기에 대형 노조가 아니었음에도 여성노조 자체가 의지할 곳 없는 사람들에게 비빌 언덕이 되어 주었던 사례였다.

조합원이 노동청 같은 곳에 전화를 할 때도 노조라고 하면 더 성실한 응대가 왔다. 여성 노동자들에게 여성노조가 큰 힘이 되어 주고 있었다. 저버리기에는 너무 아쉬웠고 내가 좀 힘들더라도 여성노조가 위기 상황에 놓여 있는 상태에서 겸임까지 감수하며 하게 된 이유일 것이다.

다시 중앙에 왔을 때 조합원이 많이 줄어 있었다. 복수노조가 허용되고 다른 노조들과 경쟁을 하면서 학교 비정규직을 조직하고 있는 과정에서 경쟁하다 보니 우리 조합원들이 많이 지치고 자존감도 떨어져 있었다. 왜 우리가 여성노조를 만들었는지 생각도 다 잃어버린 상태였기 때문에 자존감을 회복하는 프로그램을 계속했다. 과감하게 상근자들과 함께 제주도 3박 4일 수련회를 다녀오기도 했다. 다른 프로젝트

지부장들과 함께한 교육부 앞 농성(2011년)

하지 않고 상근자와 조합원 교육 프로그램은 두 해를 진행했다.

상근자와 조합원 자존감이 올라가니까 자연스럽게 조직도 잘 되었다. 이 시기에 박근혜 정부에서 시간제 일자리를 만들기 시작하면서 우리는 시간제 노동이 점점 많이 생길 것이라고 판단했다. 실제로도 시간제가 늘어나고 있는 상황이었고, 주로 여성 노동자가 일과 가정의 병행이라는 이유로 시간제 노동으로 몰리고 있었다.

전일제를 하고 싶어도 시간제 일자리만 있고 실제 8시간 일을 하지만 6시간이나 7시간으로 계약해서 일을 준비하는 시간 등을 무급으로 처리하는 일이 많았다. 특히 4대 보험을 회피하려 주 15시간 미만의 초단시간 일자리를 양산하는 일을 공공기관에서 앞장서서 시작했으므로 여성 노동의 입장에서 시간제 노동에 대한 대응은 중요한 과제였다.

예전에 파견법 2년 차에 대량 해고를 예상하고 홍보를 하자 해고 위기에 처한 여성 노동자들이 대거 상담이 와서 인천 대우중공업에서 해고 통보를 했던 파견직 여성 사무원을 정규직노조의 지원과 함께 여성노조의 교섭을 통해 직고용으로 바꾸고 분회를 결성한 일이 있었다.

우리가 먼저 시간제 노동의 문제를 알고 지부에서도 시간제 노동자를 조직하기 시작하자 가장 시간제 고용이 많았던 초등학교의 방과후돌봄 노동자를 중심으로 조합원 확대도 이루어졌고 조합원이 있으니 투쟁과 연구, 공론화하는 과정에서 여성 노동자가 다수인 시간제 노동자에 대한 차별을 개선하는 성과가 있었다.

또 학교비정규직연대회의를 구성하여 우리나라 최초로 단일 산별교섭을 실시했던 것도 기억이 남는다. 전국여성노조에서 처음 시작한 학교 비정규직 조직은 이후 민주노총에서의 적극적 조직화로 무척 세력이 커졌고 커진 만큼 더 많은 권리를 확보해 가고 있다. 그 바람에 TV 뉴스에도 많이 나오게 되어 어렸을 때의 소꿉친구가 미국에서 뉴스를 보고 연락해 만나게 되었다는 것은 앞에 쓴 바와 같다.

단식에 대한 단상

개인적으로 인상 깊은 일은 학교비정규직연대회의 세 노조가 함께 했던 2017년의 15일간의 단식투쟁이다. 학교비정규직연대회의의 단체협약 교섭 과정에서였다. 교섭을 거듭하고 집회도 하였으나 교섭은 제대로 이루어지지 않았다. 최후 수단으로 위원장들과 지역 지부장들을 중심으로 단식투쟁을 결의했다. 이때는 대학원 논문 학기와 겹쳐 있었고 추석과도 겹쳐 있었던 시기였다.

사실 나는 늘 건강 단식은 찬성하지만 투쟁으로서의 단식에 부정적

단식농성장에 찾아온 교육부장관(2017년)

이었다. 1987년에 학익동 구치소에서 최후의 저항으로 구속 노동자 전원 단식을 선언했을 때도 부단히 반대했지만 결국은 굶게 되고야 말았다.

우리가 지사도 아니고 노동자라 석방되어 건강하게 계속 노동운동을 하려면 몸을 상하는 일은 맞지 않다고 반대했지만 결국 다수의 뜻에 따라 단식을 했다. 많은 이들이 그 이후 건강을 해쳤던 경험 또한 지속적인 단식 반대에 한몫을 했다. 그때까지도 동료나 후배 노동자들의 단식을 말리곤 했는데 결국 세 노조의 합의로 무기한 단식투쟁을 하게 된 것이었다.

평소의 나를 아는 사람들이 연대하러 와서는 "맨날 단식하지 말라던 사람이 왜 굶고 있어요?"라며 놀림 반 걱정 반으로 잔소리를 해서 머쓱했다. 경험이 좀 있다고 나이가 좀 있다고 아는 체 했지만 시대의 요구는 늘 그걸 뛰어넘으라 하고 겸손하라 한다는 것을 느끼는 계기였다.

교육부장관도 방문하고 교육청과의 교섭도 잘 되어 합의를 본 후에 단식을 풀고 바쁘다는 지역 지부장들을 강제로 녹색병원에 3일 입원시켰다.

"오랜만인데 맛있는 거 사드려야 하는데 어쩌나!"

거기서 의사로 있는 구로에서 같이 활동했던 후배의 놀림을 받았다. 오래 단식을 하고 회복 기간을 가지다 보니 도무지 머리가 돌아가지 않아 결국 논문은 다음 해에야 쓸 수 있었다. 어쩔 수 없는 상황의 선택이겠지만 여전히 투쟁으로서의 오랜 단식은 말리고 싶고 하게 되더라도 반드시 충분한 회복 기간을 가지라고 권하고 싶다.

페미니즘과 여성 노동

이러한 활동을 하는 시기가 우리나라에서 페미니즘에 대한 관심이 높아지고 있는 시기였다. 활동을 하면서 솔직하게 이야기하면 전에는 여성 노동자를 위해서, 여성 노동자들과 함께 활동하는 것이 여성운동이고 페미니즘과 다를 것이 없다는 생각을 했다. 그래도 더 깊이 알고 싶었다. 젊은 세대의 조합원이 있고 그들이 하는 말이 무슨 말인지 알아들을 수 있어야 했다. 사실 나는 노동운동을 하는 삶을 살면서는 더 이상의 상급학교에 가겠다는 생각이 없었는데 앞서 석사과정을 해낸 박인숙의 권유로 성공회대학교에서 실천여성학을 전공하게 되었다. 실제 활동하는 활동가를 대상으로 진행하여 일주일에 하루를 내어 수업을 받을 수 있어 활동과 공부를 병행할 수 있었다. 물론 가뜩이나 바쁜데 하루를 빼는 것은 함께 일하는 이들에게 미안한 일이었으나

3.8대회에서의 여성노동 과제를 쓴 피켓을 들고 집회하는 모습

유한킴벌리에서 1년간 장학금을 주는 마지막 해라서 저지르고 말았다. 대학원 과정을 통해 생각하는 폭이 더 넓어졌다. 젊은 세대도 만나고 그 생각도 이해하게 되었다. 그전에 관심을 보이지 않았던 영역들에 대해 접할 수 있었고 다양한 분야에서 여성운동을 하는 사람들과 교류하고 토론하는 일 또한 배울 것이 참 많았다.

사실 그동안 내 분야는 잘 알아도 여성운동의 다른 이슈는 제대로 알지 못했고 용어 또한 서툴렀던 것은 사실이었다. 노조를 쉬는 4년 동안 양성평등강사 훈련을 받고 교육에도 나가는 등의 노력을 하기는 했다. 하지만 여성노동운동을 시작한 지 10년이 지났는데 노동운동과 비정규직에 대해 고민하는 아는 것에 비해 여성운동에 대해서는 너무 모르는 게 많다는 생각이 들었다. 혼자서 공부하기보다는 그래도 대학원이라는 틀과 커리큘럼이 있으면 더 낫겠다는 생각에 대학원에 입학했다.

결론적으로 말하자면 대학원에서 실천여성학을 배우고 논문을 쓴 시간은 정말 좋은 선택이었다. 우리 노동조합의 제일 중요한 조직 대상인 비정규직 여성 노동자는 노동에서의 불평등에 여성이라는 불평등이 서로 교차하는 상황에 놓여 있어 평등과 정의는 두 가지 다를 해결해 나가야 이루어질 수 있음을 이론적으로도 정리할 수 있었다. 또 새로운 문제를 가진 여성 노동자를 만나면 상황별로 그때그때 그 문제를 해결하느라 돌아보지 못했던 활동의 의의를 객관적으로 볼 수 있는 시간도 가지게 되었다.

또 논문을 쓰기 위해 자료를 찾고 인터뷰를 하는 과정에서 여성노조의 필요를 합의하고는 여성노동자회가 본인들의 희생을 감수하고 상근비와 사무실 비용을 대고 전적으로 지원을 결의하고 그걸 지켜낸 사실을 재확인한 것, 여성의 의리를 재확인한 부분 또한 성과였다.

부수적으로는 이 논문을 인용하여 한 토론회에서 발표한 후에 깊은 인상을 받은 일본의 연구자가 초청을 하여 교토에서 열린 한일노동포럼에서 발표할 기회가 있었다. 열렬한 현지의 관심을 받고 관련한 책의 한 파트로 들어가 발간되기도 했다. 한국어 번역으로 내용 검토는 하였으나 최종 발간은 일본어라 제목만을 중심으로 읽어보았지만 말이다.

불안정 여성 노동자의 권리를 찾아온 노동조합

대학원 논문은 실천여성학이라는 분야에 맞게 내가 활동한 전국여성노동조합 초창기를 중심으로 "여성독자노동조합과 불안정 여성 노

全国女性労働組合の課題

- 2018年、性別賃金格差 64%
- 非正規職女性の賃金は、男性正規職の37%
- 時間制女性労働者200万名
- 女性労働者組織率は5.6%
- プラットフォーム労働、時間制労働者など、法的保護を受けられない女性労働者

일본에서 발표한 내용 중에서(파워포인트)

동자 조직화"라는 제목으로 썼다. 내가 경험한 일이지만 객관적으로 여성노조가 어떤 사회적 역할을 했는지를 정리하고 싶었다.

    논문을 쓰면서 나온 결론은 여성노조가 생겼기에 다양한 영역의 불안정한 여성 노동자를 조직할 수 있게 되었다는 것이다. 청소 노동자 조직도 그렇고 초기의 최저임금 인상 투쟁과 최저임금을 둘러싼 광범위한 연대와 세상의 관심 또한 여성노조가 만들어지지 않았다면 못했을 것이다. 단체가 할 수 있는 이슈가 아니었고 조합원 당사자들이 있으니까 가능했다. 당사자가 있으니까 해마다 지속적으로 활동을 할 수 있었다.

학교 비정규직을 그냥 학생들 밥이나 지어주는 아줌마들이라는 위치에서 노동자로 격상시킨 건 여성노조가 이 사람들을 조직하기 시작했기 때문이다. 처음에 조직했을 때 일용잡급직으로 방학을 빼고 5개월씩 계약해서 연차도 퇴직금도 없었던 이들이 노동자라는 것을 인식하게 된 것이 여성노조가 있었기 때문에 가능했다. 여러 노조를 찾아갔지만 조직 대상이 아니라고 거절당한 이들이 와서 조직되어 자신의 목소리를 낼 기회를 가지게 된 것은 '일하는 여성이면 누구나' 가입할 수 있는 여성노조가 존재했기 때문이었다.

조합원으로 가입하고 다시 한 단계, 한 단계 목표가 생기면서 결국 내 삶을 스스로 바꾸겠다고 투쟁했다. 이런 일들은 학교 비정규직 당사자 조합원이 조직되어 있고 여성노조와 여성노동자회가 갖고 있는 사회적 관계를 맺고 다양한 전술을 갖고 함께했기에 가능했다. 노동조합이 아니라 단체였으면 문제를 이슈화해도 그 문제가 끝나면 그만이지만 노동조합이었기 때문에 지속할 수 있는 힘이 있었다.

전국여성노조가 생겼을 때 최초로 조직된 분회는 88CC의 골프장 캐디였다. 근로기준법 지키기를 먼저 하겠다던 나의 최초의 안일한 계획과는 달리 근로기준법 적용이 되지 않는 업종에서 먼저 노동조합의 필요성을 알고 다가온 것이다.

웹소설을 쓰고 일러스트를 그리고 웹툰을 그리는 많은 여성들이 본인의 노동으로 먹고 살지만 법적으로는 노동자로 보호받지 못한다. 오죽하면 비정규직을 넘어서 '프리랜서 노동자'라는 말이 있겠는가. 그뿐인가. 지금은 편의점, 식당, 마트에서 일해도 도급계약을 하고 고용보험 없이 3.3% 수수료를 떼고 일을 하는 노동자들이 양산되고 있다. 노동자를 위한 최소한의 보호를 명시한 근로기준법이 노동자들을 제대로 보호하고 있지 못한다면 과연 우리나라의 미래가 있을 것인가.

프리랜서라는 이름으로 소수의 고액 노동자를 제외하고는 많은 노동자들이 최저임금 적용도 받지 못하고 있을 때 법을 보완하는 것도 필요하지만 그를 위해서도 당사자가 조직되고 당사자의 목소리를 내는 것이 우선인 것이고 전국여성노조는 바로 그 일을 끊임없이 해왔다고 생각한다. 바로 법적 보호만으로 권리를 찾기 어려운 불안정 여성 노동자들을 조직하여 자신의 권리를 찾는 데 여성노조가 어떻게 기여했는지 객관적으로 보는 내용이 논문에 담겼고 앞으로 나보다 연구력과 필력이 있는 후배들이 그를 더 입증해 주리라 기대한다.

그 밖의 이야기들

2017년에는 15일 단식만 있었던 것이 아니었다. 그해 초에 경제사회노동위원회에 비정규직과 영세사업장 여성 노동자를 대표한 여성위원으로 전국여성노동조합 위원장인 내가 선정되었다. 여성, 청년, 비정규직의 세 대표가 민주노총, 한국노총과 같은 거대노조와 함께 위원회의 대표를 할 수 있게 된 것이었다.

전체 노동자 중에 노동조합으로 조직되는 비율이 10% 안팎이고 절반이 비정규직이고, 여성 노동자는 영세하거나 비정규직 비율이 더욱 높아서 노동자의 생활이 어려워지는 것은 물론이고 경제와 사회의 불평등이 점점 심각해지는 상황에서 정부의 결단이 필요할 때였다. 최저임금 인상이나 공공기관 비정규직 정규직화 같은 한두 가지 조치로는 해결되지 않는 숙제가 많았다.

　박근혜를 탄핵했던 촛불 정권에 대한 기대로 노동운동 주변의 수많은 우려에도 여성, 청년, 비정규직 당사자의 목소리와 의지가 반영된 제도개선과 정책을 촉구하기 위해 들어갔고 보름 사이 3kg가 빠질 정도로 애를 썼으나 결과는 좋지 못했다. 처음부터 민주노총이 빠진 상태에서 탄력근로제라는 암초를 안고 시작했고 그 한계는 여성, 청년, 비정규직 세 대표의 힘으로 헤쳐 나가기에는 너무 컸다.

　2021년 2월에 드디어 전국여성노동조합을 졸업했다. 조직화 경험이 풍부한 새로운 위원장을 세우고 이제 쉬다가 인천에서 일을 찾아보려 하던 중에 존경하는 선배가 사무금융우분투재단 사무처장으로 일을 해보라는 권유를 했다.

　사무금융우분투재단은 역시 촛불 이후에 생겨난 노동조합이 주도하여 만든 노사재단 중의 하나로 차별 없는 사회를 모토로 하여 비정규직과 다양한 소외된 계층을 지원하는 재단으로 비정규직을 지원하는 일이 많아 그동안의 활동과 이어지는 활동이 많았다. 코로나 유행과 겹쳐 있었으나 꽤 여러 가지 의미 있는 활동을 했다.

　배달라이더의 안전 공제회 지원, 감정노동자 상담지원, 자살로 몰리는 청년 여성의 상담 지원, 소규모 봉제와 제화사업장의 환기청정기 지원, 고립 청년 지원 등의 활동과 3개의 노사재단이 연대해서 더 비용이 필요한 지원활동도 하는 등 보람이 있는 일이었다. '생각대로'라는 소규모 공모사업을 통해 다양한 아이디어를 실험하는 기회를 주었던 일도 진행했고 아직까지 그 맥락이 이어지고 있다. 이제 3년의 임기를 마치고 다시 인천으로 돌아왔다.

우분투재단에 있으면서 관심을 갖게 된 분야는 기후 위기에 대한 것이었다. 그동안은 특별한 환경단체에 결합하여 일을 하지 못해서 나이에 맞춰서 60+기후행동에 들어가서 4년째 활동하고 있다. 60+기후행동은 삼척 석탄발전소나 새만금의 새를 지키는 캠페인과 같은 기후 위기 대응 활동과 더불어 사회적 상속의 개념을 주창하고 청년 기후 활동가의 뒷배가 되는 활동을 지속적으로 해오는 조직이다.

작년부터는 노인의 당사자성에 근거하여 국민연금의 탄소 투자를 반대하는 활동과 인권위에 기후 위기가 기후 약자인 노인의 생명권을 침해하고 있으니 인권 보호를 위해 탄소중립을 앞당기는 등 국가적인 대책을 세워야 한다는 진정을 냈고, 올해 초에 인권위로부터 기후 약자 보호 또한 인권이라는 결정문을 받기도 했다. 이 결과 서울시는 올해 인권위 차원에서 저소득 노인의 기후 위기에 대한 조사를 실시하여 대책을 권고할 예정이다. 특별히 나는 '기후 위기와 노동'이라는 분야에 관심을 갖고 강의하는 일도 지속하고 있다. 기후 약자로서의 노동자와 기후 위기 해결의 중요한 주인으로서의 노동자에 대해 함께 다루어 나가고 있다.

VII. 마치면서

"누가 나에게 이 길을 가라 하지 않았네"로 시작하는 노래가 있다. 가끔 인터뷰를 하게 될 때 어떻게 이렇게 긴 시간 동안 현장에 있을 수 있었냐고 물어보는 사람이 많다. 사실 인천에는 나보다 더 오래 현장과 지역을 지킨 선배님들이 있었기에 긴 시간이라는 생각을 하지 못했지만 오랜만에 후배를 만나거나 기자를 만날 때 질문을 받는다. 그때마다 위의 노래가 떠오른다. 사실 이 노래는 나도 아는 인천 출신 노조 활동가를 모티브로 만든 노래라고 들었다. 그러나 그것과 무관하게 위의 도입부가 떠오른다. "누가 시키면 하겠나, 지가 좋아서 하지"라는 진리의 말이 있다. 누가 시킨 것은 아니라지만 멈추려고 하거나 다른 길로 가보려고 하면 계속 등을 떠민 사람들은 있었던 것 같다.

내가 이 자서전을 쓰기로 결심한 것도 시기 시기마다 어떤 상황이, 어떤 사람이, 어떤 일들이 나를 여기 있게 한 것일까 하는 질문에 대해 돌아보고 찾아보기 위함이었다. 중학교 때의 교목 선생님이 들려준 전태일 이야기로부터 세상에 눈을 떴고 야학연합회사건이 조용히 사는 나를 방해했고 87년 태연물산의 경험이 인천에서 노동운동을 하게 했다. 무엇보다 시기 시기마다 만난 사람들이 내가 엇나가지 않도록 막아주었고 성찰할 수 있도록 도와주었다.

가장 길게 해왔던 일인 전국여성노조 활동에 대해 2021년 인터뷰 때 내가 했던 말이 두서가 없기는 해도 지금의 내 생각과도 일치하여 여기에 옮겨 적는 것으로 부족한 글을 마친다. 또한 그때 내게 질문을 던져주었던 후배 활동가 이형진의 완쾌를 빌어본다.*

"그 이후에 저는 잘나가는 곳보다 필요하다고 생각한 곳을 계속 선택했다고 여태까지 생각해요. 제 기준에서 필요하다고 하는 곳을. 그러니까 비전이 없어 보일지도.

저는 제가 여성노조를 시작할 때 왜 여자만 비정규직을 조직하냐는 말을 들었고요. 왜 더 큰 그늘인 민주노총에 안 들어가나 이런 지적도 받았고요. 전국여성노조라는 것은 가장 힘들고 필요하다고 생각을 해서 시작을 한 것이고 그것이 이렇게 길어질지는 몰랐어요. 제가 그렇게 착한 사람이 아니므로 조금 쉬운 일로 가고 싶었지만 이렇게 계속하고 있는데 중간에 저를 버티게 했던 것은 그곳에서 만났던 현장 사람들의 변화였어요. 두려움에 떨며 초라했던 여성 노동자가 당당해지고 멋있어지는 모습, 배신했다가도 다시 돌아오는 모습을 오랫동안 목격했고요. 여성들이 모여 있는 불리하다면 불리한 곳인데. 애정을 가지고 가꾸고 있는 조합원들이 저를 계속 일을 하게 해요.

우리가 돈은 없지만 폼이 없고 무게가 없는 것은 아니잖아요. 멋있는 사람들의 조합이 됐으면 좋겠고 여성 노동자들이 당당하게 '우리가 이런 것도 할 수 있어요, 저런 것도 할 수 있어요' 나설 수 있는 모습이 되었으면 좋겠어요. 전 늘 당당한 비전을 찾고 있는, 진행형인 사람이라고 이야기하고 싶어요."

---

* 나지현 외, 『내가 살아온 이야기』 인천도시산업선교회편 (인천민주화운동센터, 2021). 이형진은 매우 안타깝게도 2025년 11월 23일 세상을 떠나고 말았다.

나지현 연표

1961년	서울 출생
1987년	태연물산 노동조합 사무장
1989년	인천도시산업선교회 일꾼자료실
1997년	인천노동연구원 교육실장
1999~2006	전국여성노동조합 인천지부장, 위원장
2007~2010	생애교육연구소 소장
2011~2020	전국여성노동조합 인천지부장, 위원장
2021~2024	사무금융우분투재단 사무처장
2019. 2.~	인천여성노동자회 이사
2022. 9.~	60+기후행동 운영위원
2024. 2.~	일하는여성아카데미 이사
2025. 1.~	어반교육컨설팅협동조합 이사장